Heinz Kaiser

Die besten BÄDER zum Wohlfühlen

Callwey

Inhalt

6 Editorial

8 Vom Glück, das beste Bad des Lebens zu bauen

18 **Kontraste kitzeln die Sinne**

22 **Badgenuss mit Farbambiente und Ordnung**

26 **Die große Freiheit**

34 Licht im Bad – gute Planung für mehr Genuss

36 **Natürlichkeit überzeugt**

38 **Ein Bad mit vielen Wohlfühlzonen**

42 **Tradition und Moderne**

46 **Traumbad in Schwarz-Weiß**

50 **Luxuriöses Duschvergnügen**

52 **Spitzenlösung für ein kleines Bad**

56 Sieger Design – ein Kreativbüro prägt die Badbranche

58 **Ein lichtes Refugium mit Raumteiler**

62 **Gelungene Sanierung mit Klimawechsel**

66 **Ein Elternbad wird wach geküsst**

70 **Das Bad der Jahreszeiten**

74 **Kraftvoller Stein, warmes Holz**

78 **Wannenlust auf hohem Niveau**

80 Gesundheit – was man im privaten Bad tun kann

Die besten
BÄDER
zum Wohlfühlen

CALLWEY

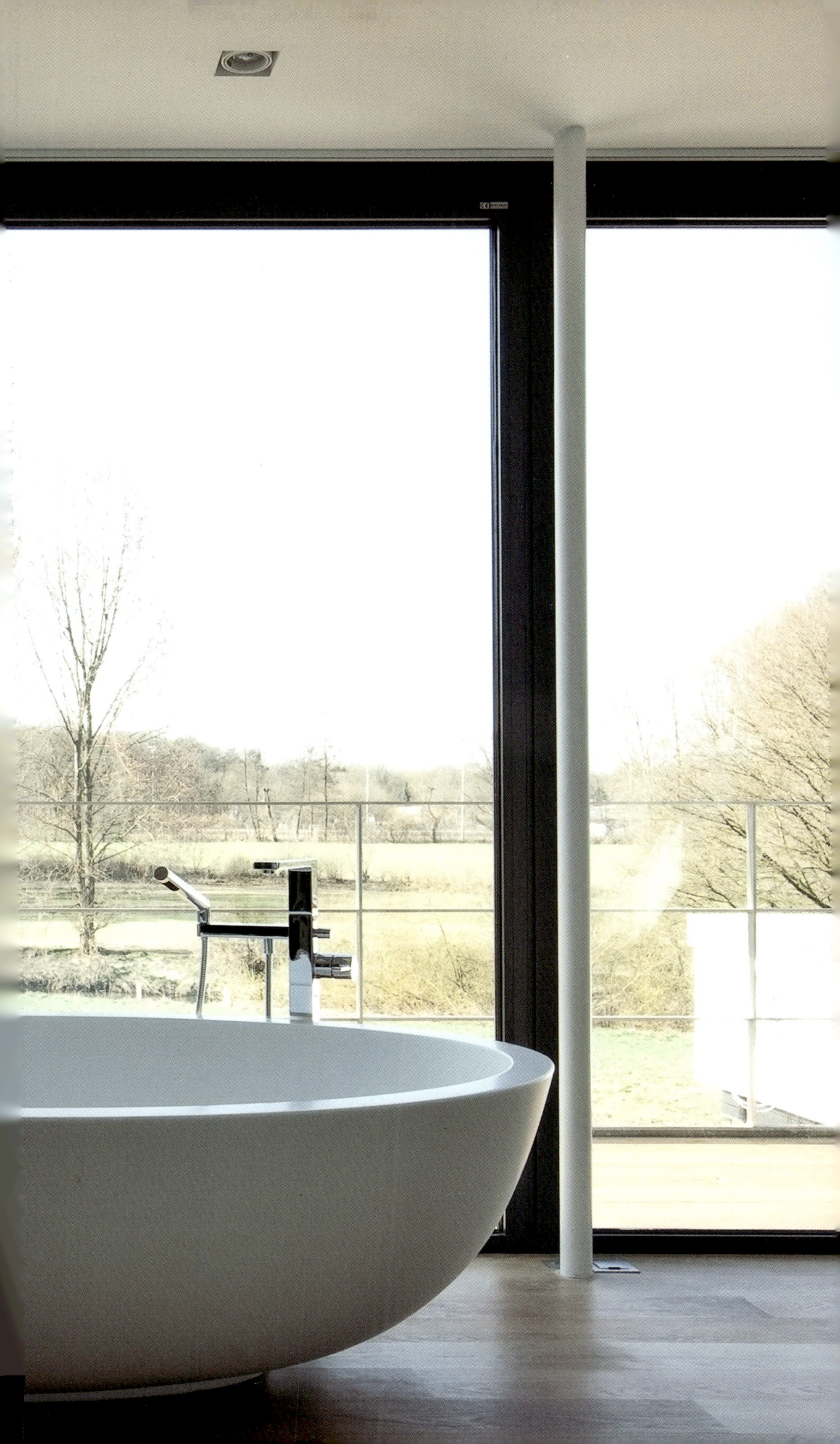

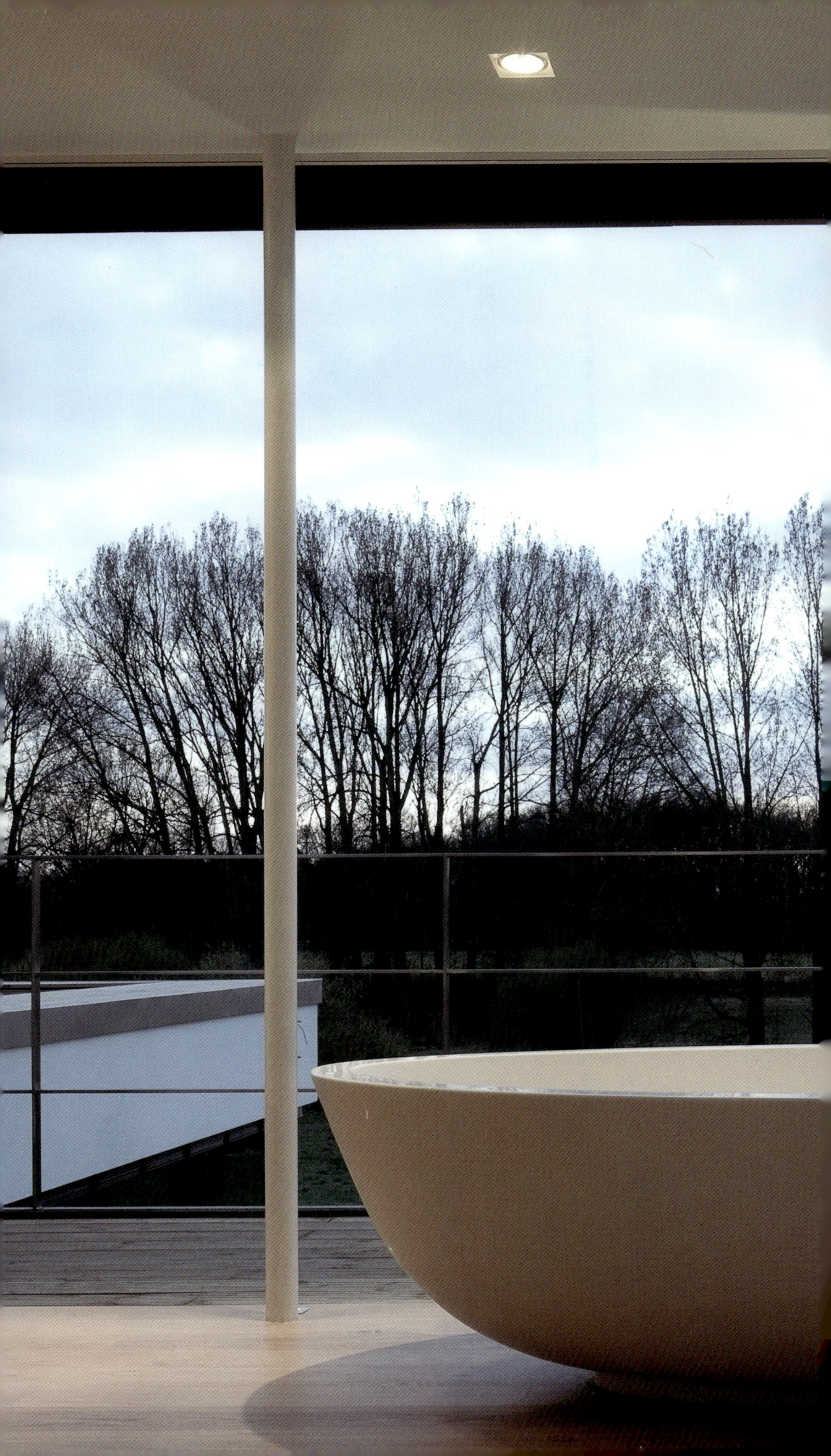

82	**Ein Bad macht Dampf unterm Dach**	120	**Das kleine Schwarz-Weiße**
86	**Eine streifige Affäre mit Keramik**	124	**Bad mit neuer Raumordnung**
90	**Verbindungen knüpfen**	128	**Klare Linien in einem Bad unterm Dach**
94	**Minimalismus in Weiß und Grau**	132	**Das offene Wohnbad**
98	**Aus zwei mach eins, mach zwei …**	136	**Mit Blick auf den Zürichsee**
102	**Wo sich das Duschen zart verzweigt**	142	**Modern, gemütlich, vernetzt**
106	**Den Alltag abstreifen**	144	**Durchbruch zu neuem Badgenuss**
110	Matteo Thun – Designer-Architekt mit Passion	148	**Das Beste für die Gäste**
112	**Freier Blick in jeder Lage**	152	**Über den Dächern: Wellness**
116	**Refugium mit Duscherlebnis**	156	Adressen, Bildnachweis
		158	Herstellerverzeichnis
		160	Impressum

Editorial

Ich wünsche mir einen Raum, in dem Körper, Seele und Geist wieder in Einklang kommen können!

Wer denkt da schon spontan an ein Badezimmer? Klar: „Körper" ist vorstellbar. Schließlich ist das Bad ein Raum, in dem ich mich reinigen und meinen Körper pflegen kann. Aber „Seele und Geist"? Was kann ich da schon von einem Badezimmer erwarten? Natürlich ist ein schönes Schaumbad entspannend, aber ist „Einklang von Körper, Seele und Geist" nicht ein wenig übertrieben?

„Meistens schon", wäre in diesem Dialog die richtige Antwort. Allerdings gibt es Badezimmer, die so auf ihre jeweiligen Nutzer zugeschnitten sind, in denen die Dinge so harmonisch angeordnet und aufeinander abgestimmt sind, dass es echte Wohlfühlbäder sind. Das wissen auch die Leserinnen und Leser – spätestens nach der ausführlichen Lektüre dieses Buches.

Denn eigentlich ist das Bad der ideale Raum, um den Geist einmal herunterzufahren und so vielleicht ganz neue Ideen zu finden oder um vollkommen zu entspannen, einfach mal die Seele baumeln zu lassen. So kann man leicht etwas für die Erhaltung der Gesundheit tun oder wieder fit werden für neue Herausforderungen. Schließlich ist Wasser das Lebenselixier, die Kraftquelle und das Entspannungsmedium par excellence. Das wusste schon Pfarrer Kneipp im 19. Jahrhundert. Vieles aus seinen Lehren kann man im eigenen Bad umsetzen, mit der richtigen Technik und Ausstattung sogar noch einiges darüber hinaus. Die harmonische Anordnung und Auswahl aller Produkte, Gegenstände und Materialien, die zum Einsatz kommen, machen diesen Raum dann zum wirklichen Wohlfühlraum. Harmonie – ein perfektes Zusammenspiel von Licht, Oberflächenbeschaffenheit, Raumklang, Farben und Temperatur – herzustellen, ist eine hohe Kunst.

Badeinrichter, die sich darauf spezialisiert haben, genau diese Kunst zu beherrschen, gewähren in diesem Buch einen Einblick in die Welt der Wohlfühlbäder. An über 30 ausgewählten Beispielen zeigt der Band, wie private Bauherren ihren ganz persönlichen Traum vom Wohlfühlbad verwirklicht haben, mit genauen Angaben zur Aufgabenstellung, zu den Grundrissen, verwendeten Produkten und, dort wo die Bauherren dies genehmigt haben, auch zu den Gesamtkosten. Die Palette reicht vom kleinen Bad unterm Dach bis zu raumübergreifenden Wohlfühl-Oasen, vom puristischen, fast spartanisch anmutenden, sehr reduzierten Bad bis zu Paradebeispielen für Opulenz und Luxus. Eine ausführliche Zusammenfassung der Wohlfühlfaktoren und der notwendigen Schritte zur Umsetzung gleich zu Beginn des Buches werden ergänzt durch Interviews mit einer Ärztin für Präventionsmedizin und mit namhaften Produktdesignern der Badbranche.

Sollten Sie durch dieses Buch inspiriert werden und neue Anregungen finden zur Realisierung von ganz persönlichen Wohlfühlbädern, die dazu dienen, Körper, Seele und Geist in Einklang zu bringen, so macht uns das glücklich. Ebenso wie Ihr neues Bad Sie hoffentlich jeden Tag aufs Neue glücklich(er) macht. ●

Martina Brüßel
Geschäftsführerin von AQUA CULTURA,
dem Qualitätssiegel führender Badeinrichter

7

Vom Glück, das beste Bad des Lebens zu bauen

Menschen bauen. Das schützende Dach über dem Kopf, das selbst bestimmte Refugium, das Haus, um das man im Idealfall herumgehen kann – für Millionen die Erfüllung eines Traums. Für die allermeisten von ihnen wird es die größte Investition ihres Lebens, und hoffentlich eine wohlüberlegte. Das Bad ist ein nicht geringer Teil davon.

Menschen renovieren. In den vier Wänden ist eine neue Funktionalität gefragt, manchmal auch einfach nur ein zeitgemäßer und repräsentativer, neuer Look. Leben ist Veränderung, Wohnen ein Teil davon, der Impuls zur Erneuerung ist gerade in dieser „beschleunigten" Zeit allgegenwärtig. Das Bad war und ist wie kaum ein anderer Raum Schauplatz größter technischer Entwicklungen in jüngster Zeit.

Menschen ziehen Bilanz. Wurde beim Neubau oder Umbau alles richtig gemacht? Passt die Architektur zu den Idealen, den Träumen von Komfort und Glanz, nicht zuletzt den täglichen Bedürfnissen? Und waren diese überhaupt im Vorhinein bekannt? Zu einem aufgeklärten Bewusstsein vor dem Bauen, Renovieren und Ausstatten und zu wohlerwogenen Schritten will dieses Buch beitragen. Es nähert sich auf verschiedenen Wegen der Frage: Was macht einen Raum wie das Bad zum Wohlfühlort?

Sich seiner Wünsche bewusst werden, individuell handeln

Bauen und Wohneigentum erwerben ist eine intellektuelle Herausforderung, vor allem ist es eine selten erlebte. Die Ahnung beschleicht einen, dass es da mit dem Rückgriff auf Erfahrungen und bewährte Abläufe im Einzelfall nicht weit her sein kann. Im Bad, das wir im statistischen Mittel nur zweimal im Leben planen oder sanieren, sind die konkreten Vorstellungen vielleicht sogar am geringsten. Nicht überraschend also, dass wir mehr erfahren wollen: über die Facetten, die beim Bauen, Renovieren und Ausstatten von Räumen eine Rolle spielen und uns im ersten Moment nicht bewusst sind; über die Ausstattungsoptionen und baulichen Möglichkeiten – gerade in den Wohnbereichen, die stark technisch bestimmt sind. Im Grunde meinen wir zu wissen, was wir im Bad erwarten oder worauf wir zu hoffen wagen. Es sind jedoch oft nur vage Vorstellungen von Komfort, Entspannung, Rückzug und Hygiene. Doch wie sollen diese Begriffe Gestalt annehmen, auf welche handfesten Objekte stützen sie sich überhaupt und wie kann das Gesamtbild stimmig werden? Spätestens an diesem Punkt wird klar: Badplanung braucht einen verständigen Partner vom Fach, der gut zuhören und interpretieren kann, der nicht allein in Produkten denkt, sondern Räume vor Augen hat; kurzum, einen kompetenten Begleiter durchs Dickicht der technischen Möglichkeiten, Trends und räumlichen Badvisionen. Was er seinen Bauherren nicht abnehmen kann: Prioritäten auszusortieren.

Das Glück, im perfekten Haus zu wohnen, die persönlich ideale Wohnung gefunden zu haben, so ausgestattet, wie es den eigenen Bedürfnissen in ihrer Viel-

▲ Die Wanne wird mit Abdeckung zur Relaxliege (Duravit).

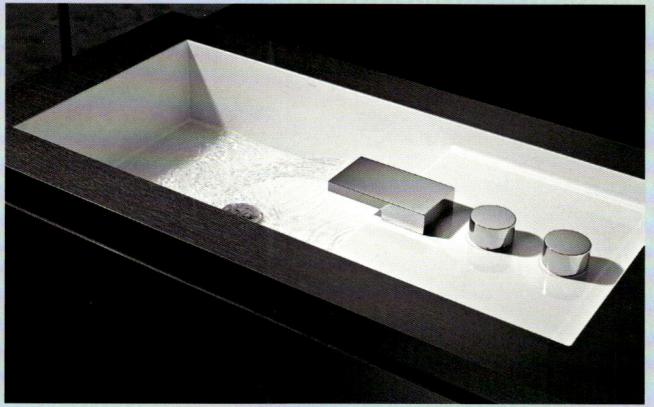

▲ Modernes Waschplatzmöbel von Alape: abgesenkter Platz für die Armatur.

schichtigkeit gemäß ist, das ist ein verständliches Ideal. Einen ebenso hohen Stellenwert hat heute der Begriff der Individualität: Standard hat einen faden Beigeschmack, jedenfalls für den, der sich eine maßgeschneiderte Alternative leisten kann. Aber Individualität setzt auch voraus, dass die persönlichen Vorlieben und Rahmenbedingungen bekannt sind, akzeptiert werden und in den Plan eingehen dürfen. Beides zusammen, das Wunschbild des Glück vermittelnden Wohnambientes und der Wunsch nach individuellem Ausdruck, verbietet es eigentlich von selbst, ein „Haus von der Stange" zu kaufen, inklusive Bad auf 8 Quadratmetern. Erstaunlich ist, dass dennoch eine nach Hunderttausenden zählende Menge von Bauherren, Käufern und Renovierern just auf das Vorgefertigte setzt, den fremdbestimmten Plan. Für alle, die jedoch nach Individualität suchen, und dies auch in der Badplanung wiederfinden wollen, heißt das aber nicht, dass sie alleingelassen sind: Je individueller und „exotischer" die Wünsche, desto stärker ist ein versierter Fachbegleiter vonnöten, der auch ungewöhnliche Materialien kennt, sich mit neuen Verfahren beschäftigt hat, selbst aufwendige Beschaffung nicht scheut.

Die Verwirklichung der Wünsche nach individuellem Wohnen und Wellness zu Hause, die Lust am „privaten Spa", wie manche sagen, sollte mit einem offenen Diskussionsprozess beginnen. Dabei dürfen auch ganz neue Ideen auftauchen und – sofern mehrere künftige Nutzer des Hauses, der Wohnung und des Wohlfühlbads existieren – auch spannende Kontroversen entstehen. Da der Mensch aber nur wollen kann, was sich benennen lässt, gilt es, Anregungen zu sammeln. Das vorliegende Buch trägt dazu mit vielen herausragenden Ideen bei, Konzepten wie Details. Wir halten also an dieser Stelle fest: Vor Beginn einer Planung muss der Entschluss feststehen, sich Entscheidungen nicht mehr durch das Vorfabrizierte aus der Hand nehmen zu lassen (auch nicht bei teuren Eigentumsobjekten, bei denen angeblich „nichts mehr zu machen" sein soll) und die individuellen Bedürfnisse genau zu analysieren. Diskutieren muss man sie selbstverständlich in der Familie mit allen Beteiligten oder allein mit dem Partner, ganz gewiss aber mit jemandem, der die technischen Optionen kennt. Und bei Entscheidungsnotstand einen Ausweg weisen kann.

Das Bad als Gesundheitszentrum denken, die Ladestation für Körper und Seele

Ein erster Überblick über das, was im Bad möglich ist und gegebenenfalls auch gewünscht wird, sortiert sich in zwei unterschiedliche Themenbereiche: aktive Aspekte und passive Faktoren. Beide sind untrennbar im Badezimmer verknüpft. Was man aktiv im Bad sucht und im besten Fall auch findet, ist das Belebende und Stimulierende („energizing" beschreiben Badexperten solche Energiequellen), spiegelbildlich suchen wir Maßnahmen zum Stressabbau („de-stressing") und die Rückkehr in einen Zustand der Balance und Harmonie („balancing"). Duschen, Regenbrausen, Wannenbad sollten so geplant sein, dass sie diesen Zielen entgegenkommen. Da die meisten technischen Installationen im Bad für unterschiedliche Ziele eingesetzt werden (die prasselnde Brause zum Wachwerden und der Tropenregen zum Wegträumen kommen ja in der Regel aus denselben Düsen), muss man diese Varianz gleich mit einplanen. Also, die Brause dient nicht allein dem Ausspülen der shampoonierten Haare, die Wanne nicht nur fürs Erkältungsbad, sondern auch für das verträumte Relaxen oder Baden zu zweit. Welche Flexibilität im konkreten Fall angesagt ist, also: auf wie viele Arten wir dem Wasser im Bad begegnen und es nutzen wollen, dazu machen wir uns am besten nach erfolgter Diskussion mit uns selbst oder anderen einen gedanklichen Vermerk.

Trendforscher, die sich mit den langfristigen Entwicklungen in den gesellschaftlichen Auffassungen und Orientierungen beschäftigen, sagen beispielsweise voraus, dass das Bad immer mehr zum Ort der Gesundheitsvorsorge und Selbsttherapie wird. Peter Wippermann vom Trendbüro Hamburg spricht in diesem Zusammenhang vom Bad als privatem „Gesundheitszentrum". Das scheint plausibel: Ökoprodukte und Gesundheit erhaltende Maßnahmen gewinnen immer größere Bedeutung in breiten Kreisen der Gesellschaft. Aktives Leben bis ins Alter, länger als das für jede frühere Generation denkbar war, wird zum Leitbild. Der Mensch, so Wippermann, betrachtet den gesunden Körper immer bewusster als Kapital – zuständig für Erfolg im Arbeits- wie Privatleben. Investitionen in dieses „Human capital" tragen vielfältige Früchte, davon sind immer mehr Menschen überzeugt. Die größere Zufriedenheit mit dem eigenen, fitten Körper wirkt sich nach Überzeugung vieler auch auf den geschäftlichen Erfolg aus – ob man dies nun als gerecht empfindet oder nicht. Und selbstverständlich erhöhen eine generell bessere körperliche Verfassung und geringere Anfälligkeit für die üblichen Störungen unseres Gleichgewichts das persönliche Glücksgefühl. Ausgaben für Fitness und das, was der Trendforscher aus Hamburg „Healthstyle" nennt (angelehnt an Lifestyle plus Gesundheit, health), müssen ja nicht in Bioprodukte und Fitnessklubs allein fließen, sie können auch als Investition mit wesentlich längerer Erlebnisdauer in den eigenen vier Wänden Gestalt annehmen – im Bad. Folgerichtig stellt sich an diesem Punkt die Frage, was man eigentlich auf diesen Quadratmetern tun kann, um das Bad vom Hygieneraum zum Gesundheitszentrum fit zu machen. Das Hineinstellen eines Fitnessgeräts und einer Körperanalysewaage allein kann es wohl nicht sein. Aber neue und facettenreiche Brausetechnik und Vorkehrungen für wassertherapeutische Anwendungen können dazugehören, nicht zuletzt Sauna und Lichttherapie (das passende Farblicht zur richtigen Zeit kann zur inneren Balance beitragen – und wer wollte das nicht einen Gesundheitsaspekt nennen?).

Zum Wohlbehagen trägt aber nicht nur die Gesundheit fördernde Technik bei, wie auch immer sie im Einzelfall konfiguriert ist – von der Dampfsauna bis zum Kneippschlauch –, sondern auch ein komfortabler Platz für Körperpflege und Kosmetik. Es gibt Badmöbelhersteller, die nicht nur die bekannten Konsolen und Hochschränke, sondern auch Lösungen für die Schönheits-

⌄ Klare und aufgeräumte Architekur, Wohnlichkeit plus Badkomfort, so wünschen sich Bauherren ihren Wellnessbereich – am liebsten mit bodengleicher Dusche (Bette) und gradlinigen Armaturen (Keuco).

△ Sauna mit angebundenem Duschmodul (Duravit).

pflege anbieten: charmante Möbel mit Aufbewahrungen für allerlei Kosmetik, mit Spiegel und Ablagen, die eine Brücke schlagen zur Tradition des Boudoirs, wo sich elegante Damen schon vor Generationen das Näschen puderten. Die Sphären Wohnen, trockenes Bad und Nassbereich verschmelzen eben zusehends. Und für alle Wohlfühlbäder gilt: Geschickte Raumaufteilung, genügend Stauraum, nicht zuletzt stimmungsvolle Beleuchtung (gegebenenfalls mit Farbwechsel, auf jeden Fall zu dimmen!) neben dem funktionalen Licht sind bei der Badplanung entscheidend.

Die realen Bäder, die in diesem Buch versammelt sind, vermitteln diese Gewissheit: Komfort und Design gehen in gut geplanten Bädern Hand in Hand, wohltuende und Gesundheit fördernde Aspekte sind an vielen Stellen präsent. Natürlich überall dort, wo Wasser fließt und in unterschiedlichen Darreichungsformen auf den Körper trifft, um genossen zu werden, aber auch in Form von wohlgestalteten Leuchten, angenehmen Farben, schönen Materialien und Wärme in ihren vielen Facetten.

Die zuletzt genannten Faktoren führen zu einem zweiten vorbereitenden Gedankengang der Badplanung, der neben den aktivierenden Installationen und technischen Vorkehrungen auch die stillen, passiv wirkenden Elemente der Gestaltung aufnimmt. Die Stichworte sind: gute Belichtung mit Tageslicht, angenehme Materialien mit sympathischer Haptik und ohne provokante Optik (jedenfalls, wenn die Badbenutzer keine sperrigen Hingucker mögen), nicht zu vergessen die Akustik im Bad (keine klirrende oder hallige Geräuschkulisse, dafür weiche und milde Resonanz), vielleicht auch Raumduft und Farbeindrücke. Diese Faktoren werden in der Regel eher beiläufig und wie als Kulisse wahrgenommen. Sie beeinflussen aber Wellness und Aufenthaltsqualität im Bad nachhaltig.

Unter den an dieser Stelle passiv genannten Wirkungsfaktoren einer gelungenen Badgestaltung können die haptischen Eigenschaften gar nicht deutlich genug benannt werden. Meistens fällt es uns zu spät auf, dass die Fliesen zu kalt (weil ohne Fußbodenheizung) und in der Dusche zu rutschig sind (Planungsfehler), dass die Wände nicht nur jegliche Atmosphäre vermissen lassen, sondern sich auch zu atmen weigern (Versiegelung ist dringend zu vermeiden, moderne Be- und Entlüftung das Stichwort modernen Bauens). Überhaupt regiert in 08/15-Bädern immer noch der Ungeist der Nasszelle, cool & clean, egal wie viele Wohnzeitschriften deren Ende längst verkündet haben. Die Bäder, die wir vorstellen, lassen aufmerken, was alles im Bad möglich ist – zum Staunen, Berühren und Genießen, unter raffiniert inszenierter Beleuchtung! Voraussetzung ist allerdings, erneut muss daran erinnert werden, dass man sich kompetent über die infrage kommenden Materialien informieren lässt, verschiedene Fachhandelsausstellungen und vielleicht sogar Messen besucht, um sich ein Bild zu machen. Ohne eigene Recherchen und Vorkenntnisse bleibt der Wunschzettel möglicherweise ziemlich wortlos; und ohne Fachmann wird aus den Stichworten keine schlüssige Planung, deren Ergebnis dann wirklich befriedigt.

Anja und Gerhard Beuttenmüller, Badkultur, Stuttgart
Georg Boddenberg, Boddenberg Baddesign, Leverkusen
Gisela Bukoll, Bukoll Bäder + Wärme, Diessen/Ammersee
Regine und Thilo Dreyer, Dreyer, Erlangen
Peter Falk, badgestalten. GmbH, Oldenburg
Maritta Goldmann, GOLDMANN BADMANUFAKTUR, Berlin
Mike Günther, BAD ELEMENTE, Hamburg
Renate und Wolfgang John, W. John GmbH, Heistenbach
Ursula Kachel, DIE BADGESTALTER, Heilbronn
Stephan Krischer und Bettina Hildebrandt, Ultramarin, Köln
Roland Liegl, küche.bad.innenarchitektur, Schnaitsee
Jürgen Möllers, Bad & Mehr, Münster
Heidrun Nordmann, Bäder und mehr, Steyerberg
Thomas Roth, Badmanufaktur, Wiesbaden
Stefanie Feix und Lisa Wingenter, Schramm, München
Henning Senger, Das Premiumbad, Osnabrück
Rolf Senti, Bagno Sasso AG, Landquart, Schweiz
Elmar Steinrücke, Bad + Raum in Perfektion, Dortmund
Ines Tanke, Bäder-Werkstatt, Apfelstädt
Yvonne Wagner, Wagner GmbH, Rodgau

AC
AQUA CULTURA

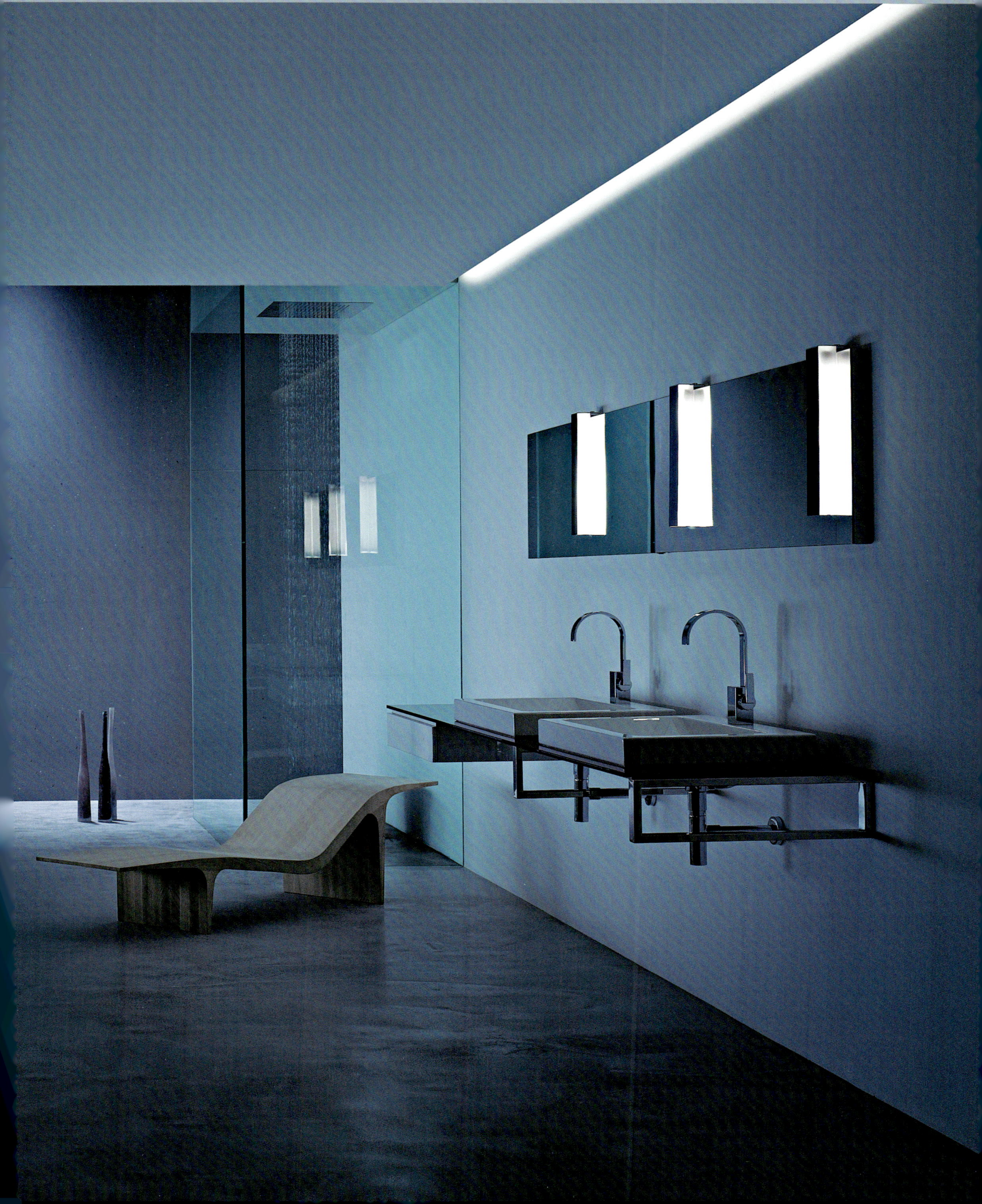

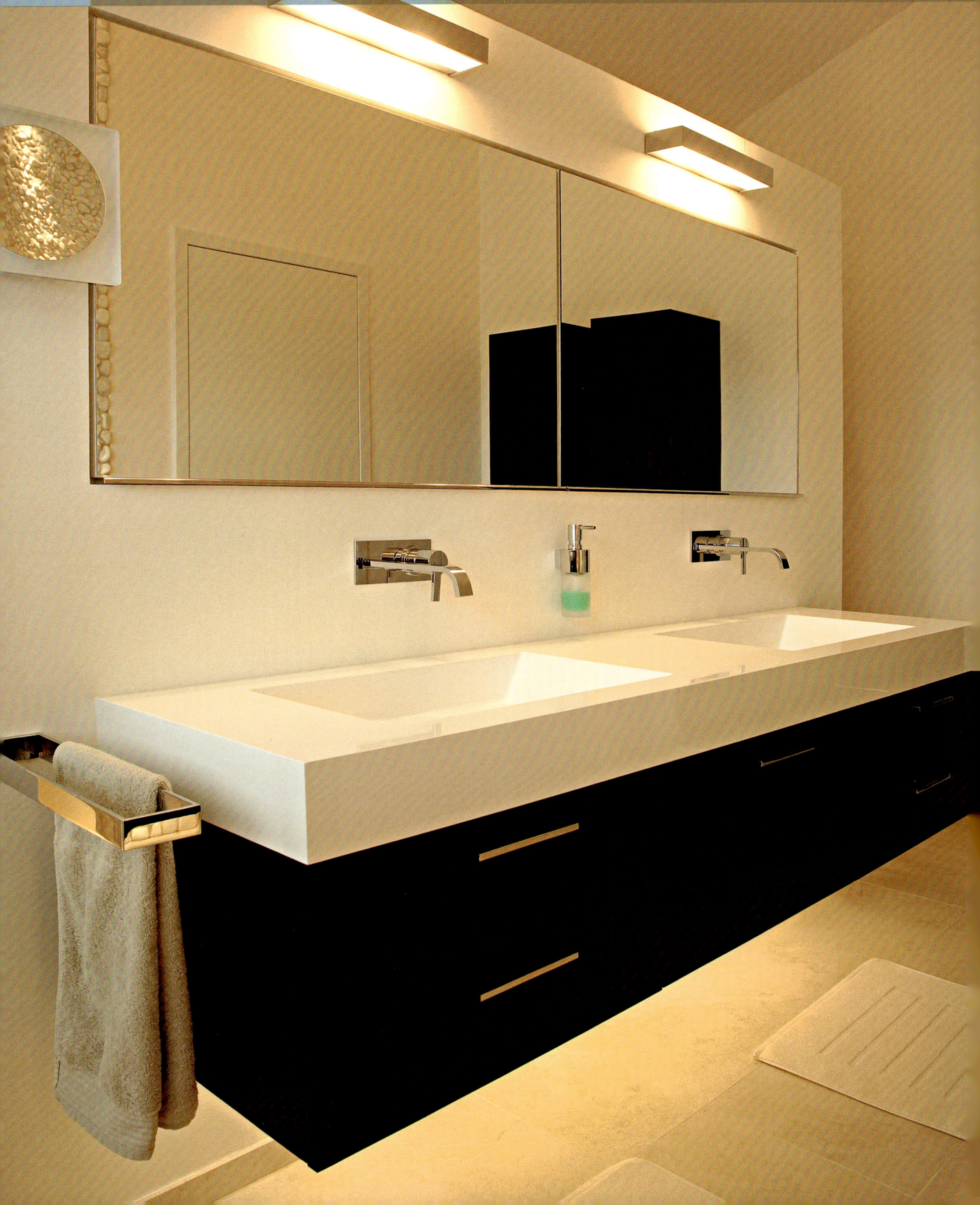

Kontraste kitzeln die Sinne

Das Bad in einem Neubau im Münsterland setzt auf lebhafte Kontraste, die in der großzügigen Badarchitektur für kleine Entdeckungen sorgen. Glatte Flächen und rustikale Details, Hell und Dunkel machen das Bad zusammen mit dem Wassererlebnis zu einem sinnlichen Ort.

An diesem Bad tut vieles gut: Nicht nur die überdurchschnittliche Größe, die einem Standardwohnzimmer nahe kommt, und schon aufgrund dieser Tatsache viel Raum zum Durchatmen und genussvollen Aufenthalt bietet. Zugleich sind es auch die sehr präzise berechneten Lichtideen, die mal für effektvolle Reflexe und an anderer Stelle für Komfort bei den täglichen Verrichtungen am Waschplatz und jenseits davon sorgen. Nicht zuletzt verwandeln die schlicht-eleganten Stauraummöbel und Putzwände das Bad in einen wohnlichen Ort. Das Bauherrenehepaar, das sich in seinem Neubau nahe der holländischen Grenze dieses Refugium gönnte, schätzt täglich aufs Neue die „Aufenthaltsqualität" des Raums. Für die konsequente Verwirklichung ihrer Badträume sorgte ein Planerstudio aus Münster.

Zu den Raumqualitäten gehört, dass sich Technik nicht aufdrängt, sondern eher im Gegenteil Anleihen aus der Natur das Bad prägen: Am Boden liegen großformatige Limestoneplatten (Kalkstein), die Möbel hat der Tischler gebaut und auf Wenge gebeizt, die ungefliesten Wände trumpfen mit einem kontrastreichen Höhepunkt auf: Kieselsteine, vertikal verlegt, als strebe ein Flussbett himmelwärts. Diese „Bubbles" genannte Mischung aus unterschiedlichsten Kieseln, die praktisch so, wie sie aus dem Flußbett kommen, verarbeitet werden, übt eine hohe Faszination aus und prägt den Raum.

< Der Doppelwaschtisch hat ein präzises Beckendesign und viel Stauraum. Hinter der Wand liegen – nochmals getrennt – Dusche und WC.

∧ Kieselsteine bilden auf einer Wand eine dekorative Verkleidung, die von gezielten Deckenspots effektvoll illuminiert wird.

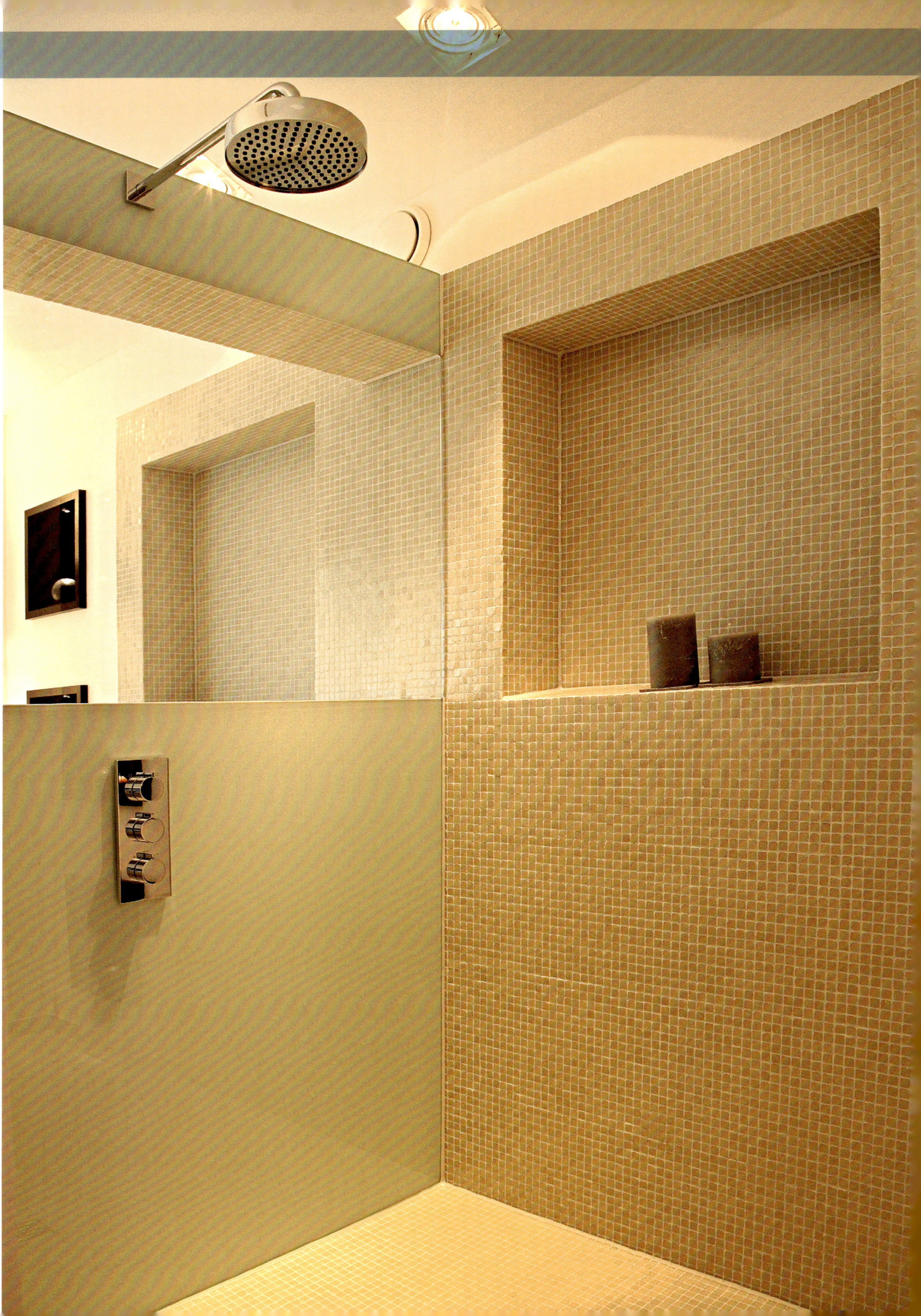

Der Blick wandert über die streifig beleuchtete, abwechslungsreiche Fläche. Geschickt platzierte Wandaufbauleuchten werfen Lichtkegel, die das Steinfeld plastisch in Szene setzen. Das Auge freut sich über die Abwechslung, genießt den Kontrast aus glatten Natursteinflächen und rustikaler Oberfläche. Im großen Spiegel über der Waschtischanlage doppelt sich das optische Highlight.

Hinter dem Waschtisch sind WC und Bidet auf der einen und die Dusche auf der anderen Seite angeordnet. Mit einem Raumteiler und der Waschtischrückwand bildet sich ein T im Grundriss: eine Gliederung, die sich vielerorts bewährt. Ein Fenster in der Dusche lässt Tageslicht bis unter die Brause, wo glänzende Fläche und kleinteilige Struktur kontrastieren: Der Boden der Dusche ist rutschhemmend mit Mosaik ausgelegt, das sich an zwei Seiten des Duschbereichs die Wand hinauf fortsetzt und dabei die Ablagenischen nicht ausspart. An der dritten Seite ist die Wand unter dem Durchblick mit Glas homogen verkleidet. Eine Lösung, die an dieser Stelle, im unmittelbaren Bereich der Brause, besonders pflegeleicht ist.

Stauraum, eine wichtige Forderung der Bauherren, ist auf viele Stellen verteilt: Unübersehbar die Waschtischkonsole, ebenso das wandhängende Sideboard gegenüber, dazu zwei schmale Hochschränke und mehrere mit Holz ausgekleidete Ablagen seitlich der Dusche sowie neben dem Bidet. Die offenen Kästen sind mit kleinen Spots beleuchtet – ein charmanter Lichtblitz der Planer. ⬥

Grundriss
Maßstab 1:75

„Die Wand mit den Kieseln wirkt wie ein Bild, auf dem immer was zu entdecken ist."

Doppelwaschtisch aus Mineralwerkstoff: Coers
Waschtischmöbel, Sideboard, Schränke,
Stauraumnischen in der Wand: Sonderanfertigung
Armaturen: Antonio Lupi
WC, Bidet: Villeroy & Boch
Glasmosaik: Casa Dolce Casa
Kieselsteinwand: Sonderanfertigung
Wandaufbauleuchten: Bernd Beisse
Leuchten über Spiegel: Decor Walther
Heizkörper: Vasco
Kosten: ca. 50.000 Euro

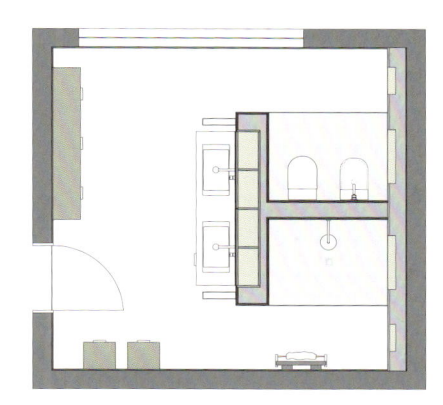

< Die Dusche hinter der Wand vom Waschtisch ist mit Mosaik sowie einer Glasplatte, auf der die Armaturen sitzen, verkleidet.

∧ Stimmungslicht mit doppelseitigen Wandstrahlern auf der „Bubbles"-Wand, darunter hängt ein wohnlich-elegantes Sideboard.

Badgenuss mit Farbambiente und Ordnung

Farbwechsel schaffen unterschiedliche Stimmungen in diesem Bad.
Großzügig verteilter Stauraum ist das Rückgrat für seinen Komfort.

Wann macht ein Bad rundum glücklich? In diesen Punkten war sich das Ehepaar, dessen Bad für eine Generalsanierung anstand, ganz sicher: Sie wünschten sich so viel Stauraum wie möglich, ohne dass Schränke das Bad erschlagen, und ein Ambiente für unterschiedliche Tageszeiten und Stimmungen mit exklusiven Akzenten. Für den besonderen Stimmungswechsel im Bad sorgen heute moderne Lichttechnik und Multimedia in ganz neuen Dimensionen. Licht kann in einem Bad für ungeahntes Wohlfühlklima jenseits vom Wassererleben sorgen – das demonstriert diese Planung. Das Thema Stauraum packten die Profiplaner dabei mit einer attraktiven, ungewöhnlichen Maßarbeit an.

Anstelle der vorherigen Wanne, die mit ihrer gemauerten Einfassung sehr klobig wirkte, plante das Badstudio eine Einbauschranklösung mit besonderen optischen und funktionalen Details und organisierte das Wassererlebnis in einem begehbaren Duschbereich.

Die offene Dusche ohne Abtrennung liegt hinter der Wand zum Waschtisch. Die Schrankwand auf der anderen Raumseite (früher Platz der Wanne) ist optisch aufgelockert durch integrierte Leuchtflächen, die unregelmäßig verteilt sind und den Stauraum dadurch weniger massiv erscheinen lassen. Auch die asymmetrische Verteilung der Türen trägt zu dieser Auflockerung bei. Die LED-Leuchtflächen wechseln sanft die Farbe, von Türkis bis Rosarot. Und da sie das Licht breit streuen, ist im Nu ein farbiges Raumambiente gezaubert – fast wie ein wechselwarmes Bad im Licht: belebend „rote" oder „blaue" Stunde. Fenster und Oberlicht mischen je nach Tageszeit natürliches Licht in

˅ Komfort: Waschtisch mit viel Ablagefläche, eine Sitzbank, extra Stauraum im Einbauschrank.

› Erdige Farbigkeit setzt die Dusche vom weißen Bad mit dem Waschtisch aus Mineralstoff ab. Die tiefe Duschnische benötigt keine Abtrennung.

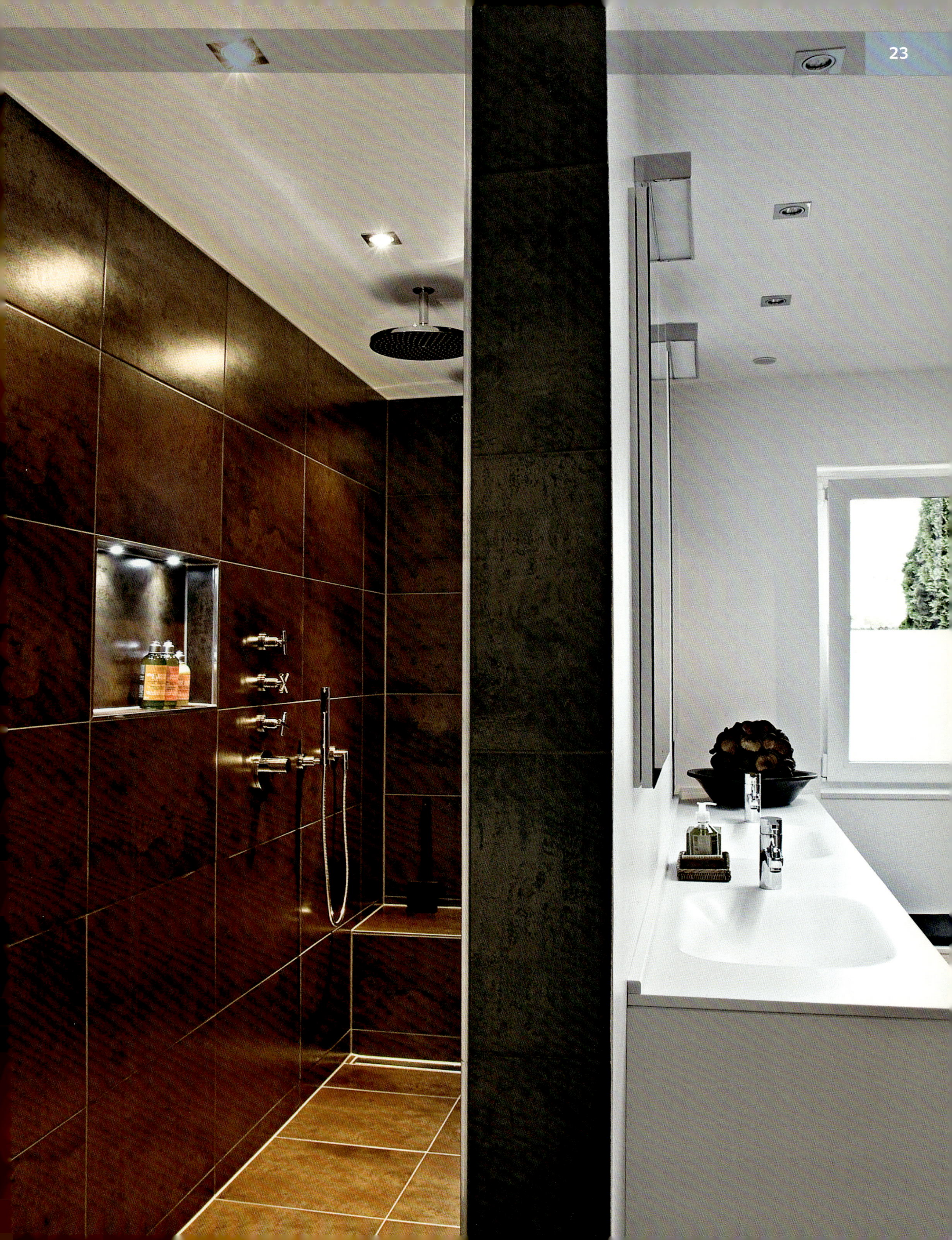

die Raumstimmung – und funktionales Licht am Spiegel ist auch zur Stelle, wenn es gebraucht wird. Der Waschtisch ist für zwei organisiert, mit fugenlos in die Corianfläche eingearbeiteten Becken und einem besonderen Detail: die Waschplatzarmaturen sind seitwärts angeordnet. So lässt sich Wasser besonders praktisch schöpfen und der jeweilige Hebelmischer besser erreichen.

Gestalterische Highlights sollten nach dem Willen der Bauherren in dem neuen Bad keinesfalls fehlen: Dazu gehören die Farblichtelemente, aber auch die verspiegelte Schiebetür zum WC-Bereich, der vom Bad abgetrennt wurde, und nicht zuletzt die außergewöhnlichen Oberflächen von Schrankwand und Dusche. Die Schrankfläche wurde in einer Metallspachteltechnik bearbeitet und schimmert edel. Diese Idee führten die Planer in der Dusche fort, deren Wand- und Bodenfliesen ein Dekor wie Cortenstahl tragen. Kleiner optischer Akzent: die beleuchtete Ablagenische in der Dusche. Komfortables Extra: die doppelte Regenbrause – über dem Standbereich in der Dusche und über dem gemauerten und gefliesten Sitzplatz. Zum Entspannen im prasselnden Tropenregen.

⌃ Eine Platz sparende Schiebetür trennt das WC vom Bad ab. Dazwischen liegt der Zugangsbereich.

⌄ Doppelter Brausespaß: zwei Kopfbrausen in der Dusche, eine davon über der Sitzbank.

„Das wechselnd farbige Licht gibt dem Bad eine ganz ungeahnte Lebendigkeit."

v > Der Einbauschrank ist mit integrierten Leuchtflächen aufgelockert: mit LED in wechselnden Farben, passend zur jeweiligen Stimmung.

Doppelwaschtisch aus Mineralwerkstoff:
Domovari
Einbauschrank mit Leuchtflächen:
Sonderanfertigung
Armaturen, Brause in der Dusche: Dornbracht
Waschtischarmaturen: Grohe
WC: Villeroy & Boch
Leuchten über Spiegel: Decor Walther
Heizkörper: Vasco
Schiebetüranlage: Raumplus
Kosten: ca. 60.000 Euro

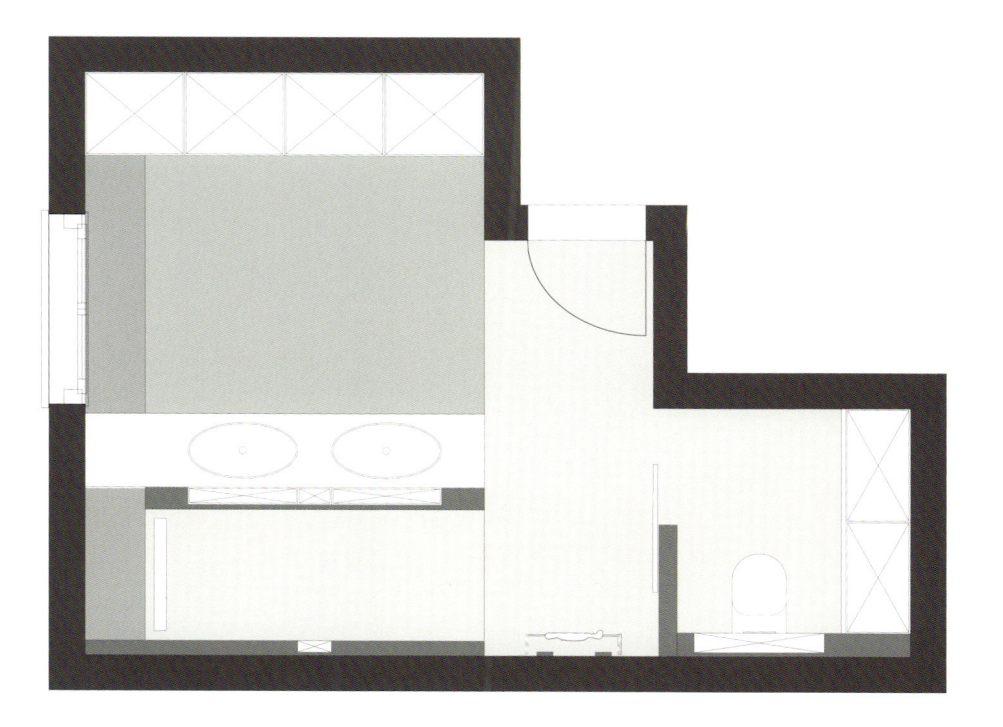

Grundriss
Maßstab 1:50

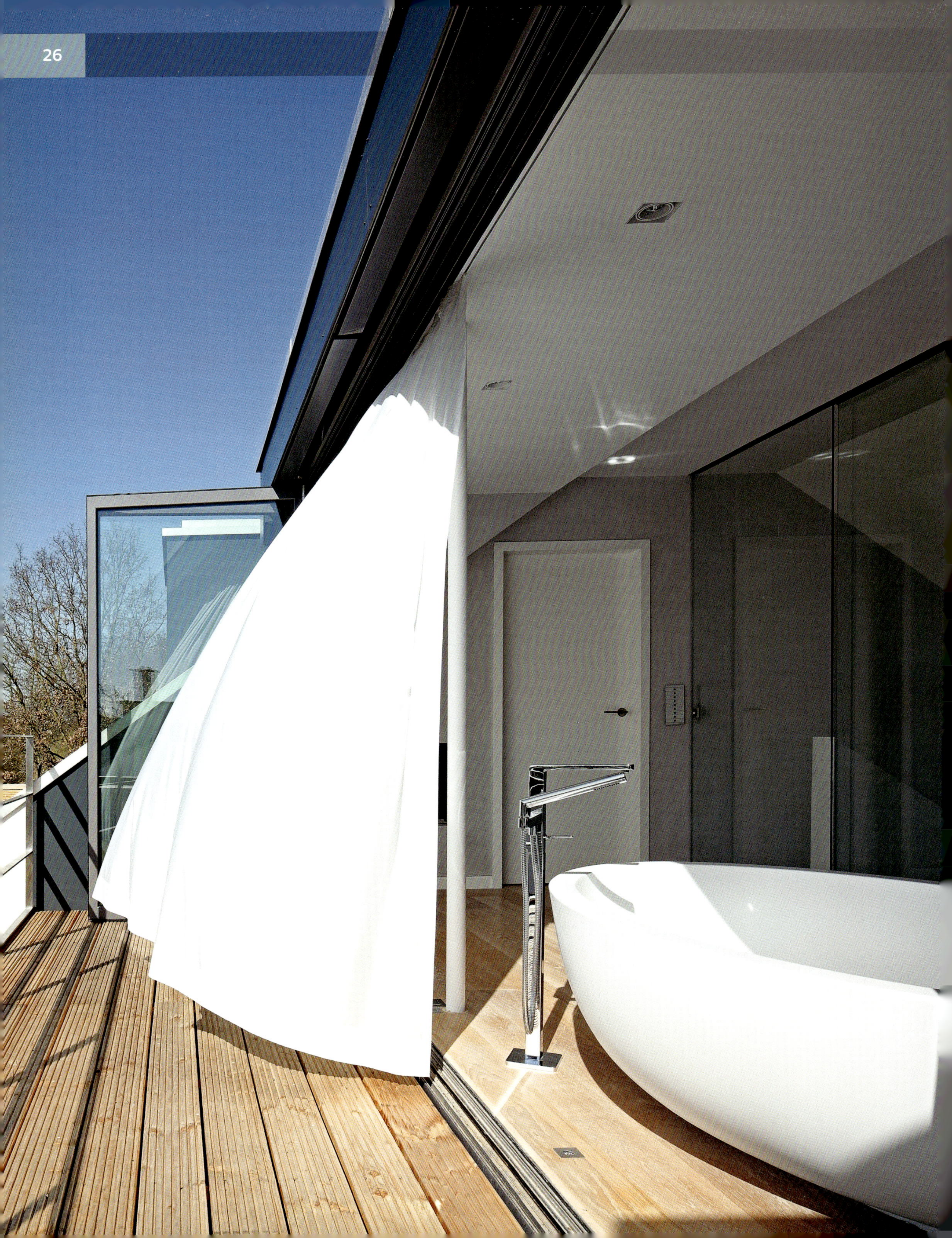

Die große Freiheit

Alles, wovon der Badnutzer träumt, ist hier in einer großen Inszenierung zusammengefasst. Viel Wellness und ein ungestörter Blick in die Landschaft – nicht zuletzt von der Außenterrasse aus.

Dieses Bad spielt auf der ganz großen Bühne: Sauna zur einen Seite, offene Dusche dahinter und geradeaus ein umwerfender Blick auf das Grün längs eines Flüsschens. Nicht von ungefähr steht auch die Wanne an dieser Aussichtsstelle, und der Waschplatz ist eine Kommandobrücke gleich daneben. Ausblick ohne Einblick – das Erholungsgebiet vor der Tür verhindert aufdringliche Nachbarschaft. Den Badplanern gelang es, diese Faszination von Blickbeziehungen, Nutzen und Intimität in einer eindrucksvollen Inszenierung verschmelzen zu lassen.

Das Bauherrenehepaar ist unternehmerisch im Einrichtungsbereich tätig und an Design und Trends interessiert: daher der Wunsch nach einer großzügigen, offenen Raumaufteilung und Verbindung von drinnen und draußen. Die Wanne lädt zum entspannten Bad – bei aufgezogener Terrassentür verschwindet das Gefühl, noch im Haus zu sein. Für maximale Freiheit liegt der Duschbereich völlig frei im Raum.

< Die Glasfront neben der Wanne lässt sich öffnen, dann badet man praktisch im Freien auf der Terrasse. Und der luftige Vorhang fächelt dazu.

∧ Auch am Waschplatz fällt der Blick ins Freie, die Lichtstimmung genießen die Besitzer zu jeder Tages- und Jahreszeit.

>> Großer Auftritt für ein Megabad: frei stehende Wanne aus Mineralstoff, dahinter ein einnehmend großer und offener Duschbereich, die Sauna gleich daneben.

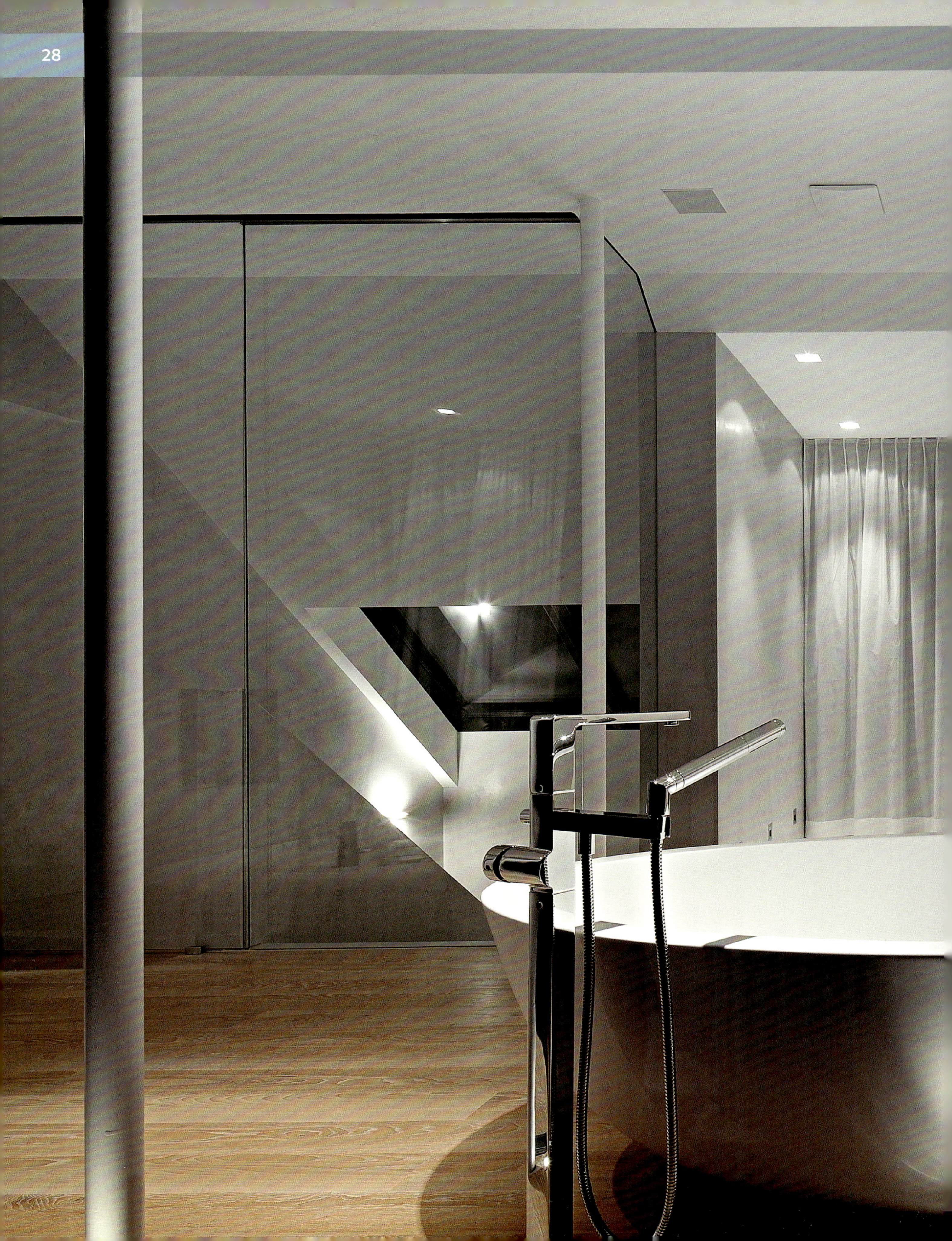

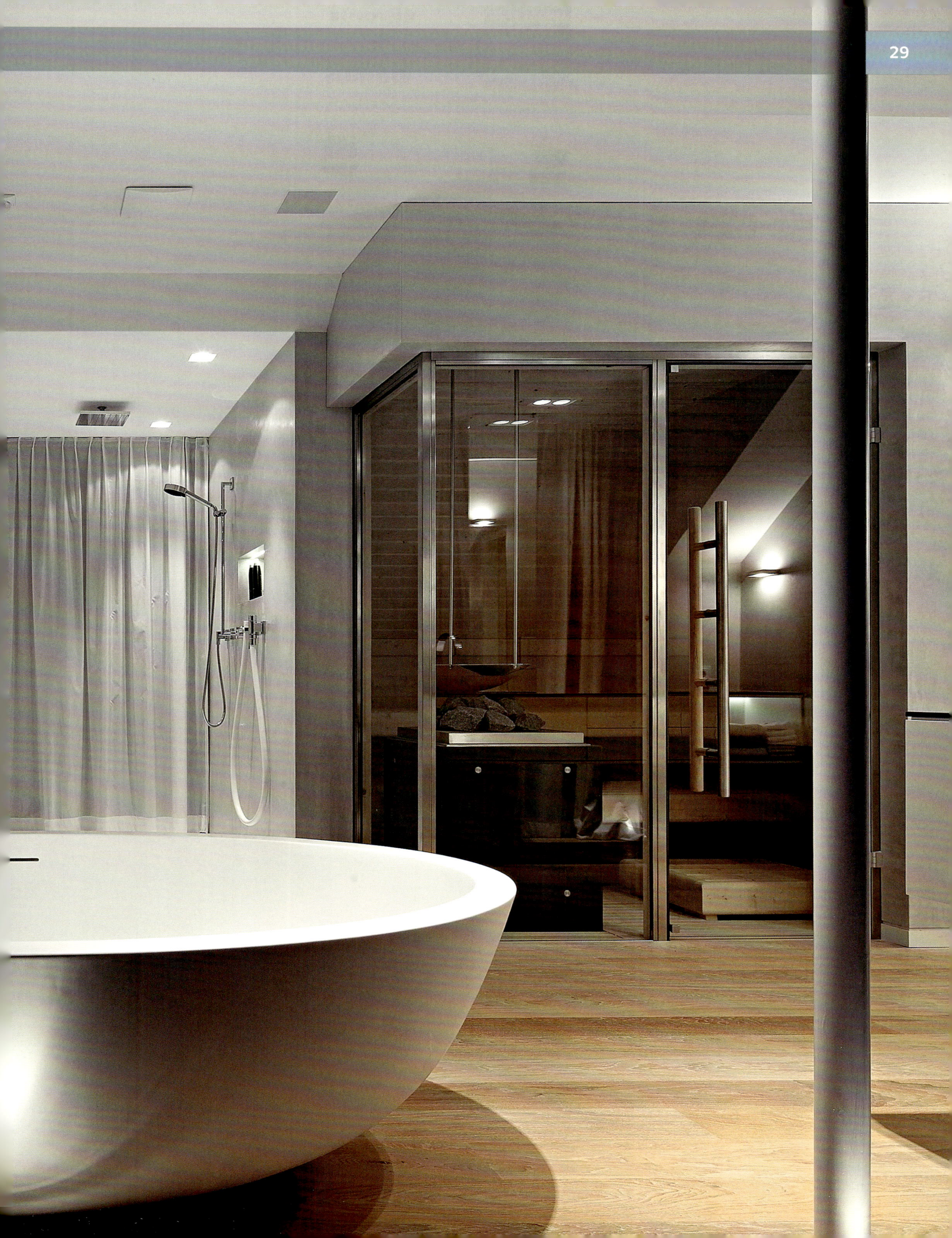

„Am schönsten ist es am frühen
Abend bei offener Terrassentür
in der Wanne zu sitzen."

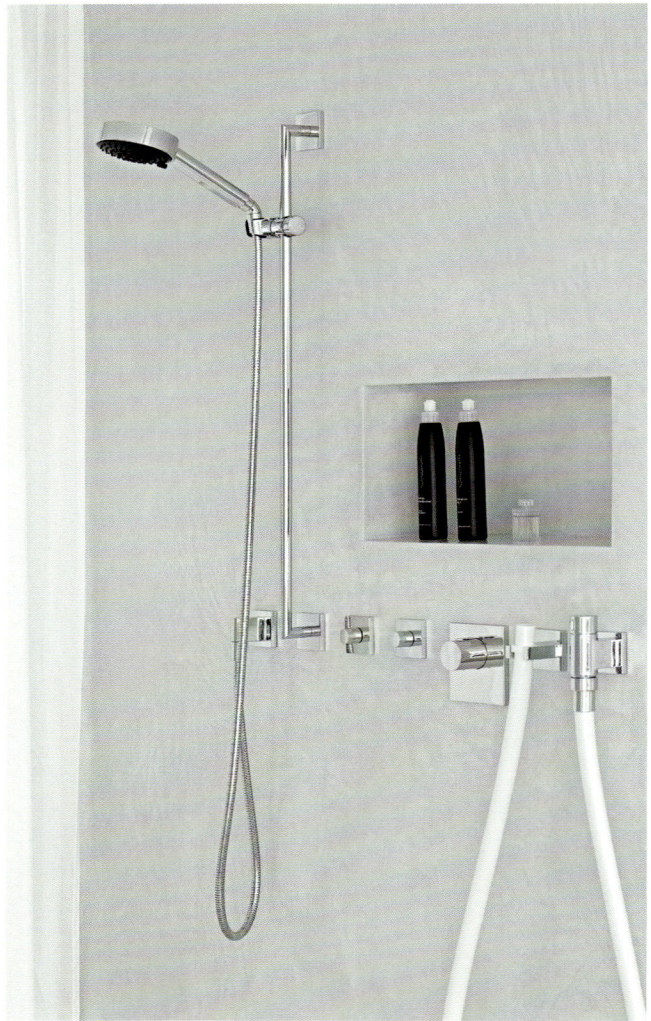

∧ Blick vom Duschbereich
auf die Wanne und Bal-
konterrasse mit Aussicht
in die Landschaft.

< Der großzügige
Duschbereich bietet
genügend Platz. Ein
Kneipp-Schlauch dient
zur gesunden Abkühlung
nach der Sauna.

> Alle Putzwände in den Bädern und dem Gäste-WC
des Hauses sind mit der handwerklich aufwendigen
Tadelakttechnik wasserresistent.

Grundriss **Maßstab 1:100**

Waschschale, frei stehende Wanne: Domovari
Waschtischunterschrank (Corian): Tischleranfertigung
Armaturen, frei stehende Wannenbatterie: Dornbracht
Deckenbrause: Keuco
Handbrause: Dornbracht
Wandputz (Tadelakttechnik): über Fachbetrieb
Wandaufbauleuchten, Downlights: Brumberg Leuchten
Sauna: B & S Finnlandsauna, Sonderanfertigung
Bodenbelag: gekälkte Eiche
Kosten: keine Angabe

Nur in der Oberflächenfarbe, im Wechsel vom haselnussbraunen Holz der Dielen zum weißen Mineralwerkstoff der beregneten Fläche, bemerkt man die Funktionalität an dieser Stelle: eben noch trockenes Bad, hier opulenter Duschgenuss. Von oben prasselt die Deckenbrause, eine diskrete Linienentwässerung ist zum Fenster gelegt, das auch auf dieser Seite das Bad in schönster Breite optisch öffnet. Zu drei Seiten liegt der Duschbereich frei, nur die Installationswand zieht eine architektonische Grenze. Hinter dieser Wand befindet sich die Sauna, die den Bauherren besonders wichtig ist: gemeinsame Entspannung nach anstrengenden Arbeitstagen. Und da die Glasfront der Sauna zur Terrasse gerichtet ist, kann das Schwitzbad auch beim Blick in die Landschaft genossen werden. Dramatisch schön bei Dämmerung oder am Abend, wenn der lange Holzsteg der Terrasse illuminiert ist und man selbst im Halbdunkel sitzt. Lässt der Gaskamin dann noch seine offenen Flammen züngeln, bleiben wirklich keine Wünsche mehr offen.

Schöne Details: Die Bedienelemente für die Armatur sind neben der Waschschale angeordnet, nahe der Waschtischkante und daher besonders bequem zu erreichen. Der Spiegel lässt sich zu beiden Seiten verschieben, heraus aus der Blickachse. Nebeneffekt: Für die mattweiße, extravagante Waschschale bleibt mehr Luft, das elegante und puristische Design balanciert wie ein Solitär auf der Oberfläche des kubischen Unterschranks. Strenge Gestaltung hieß an diesem lang gestreckten Konsolmöbel: keine Griffe, nichts stört die Oberfläche, alles öffnet sich auf Antippen.

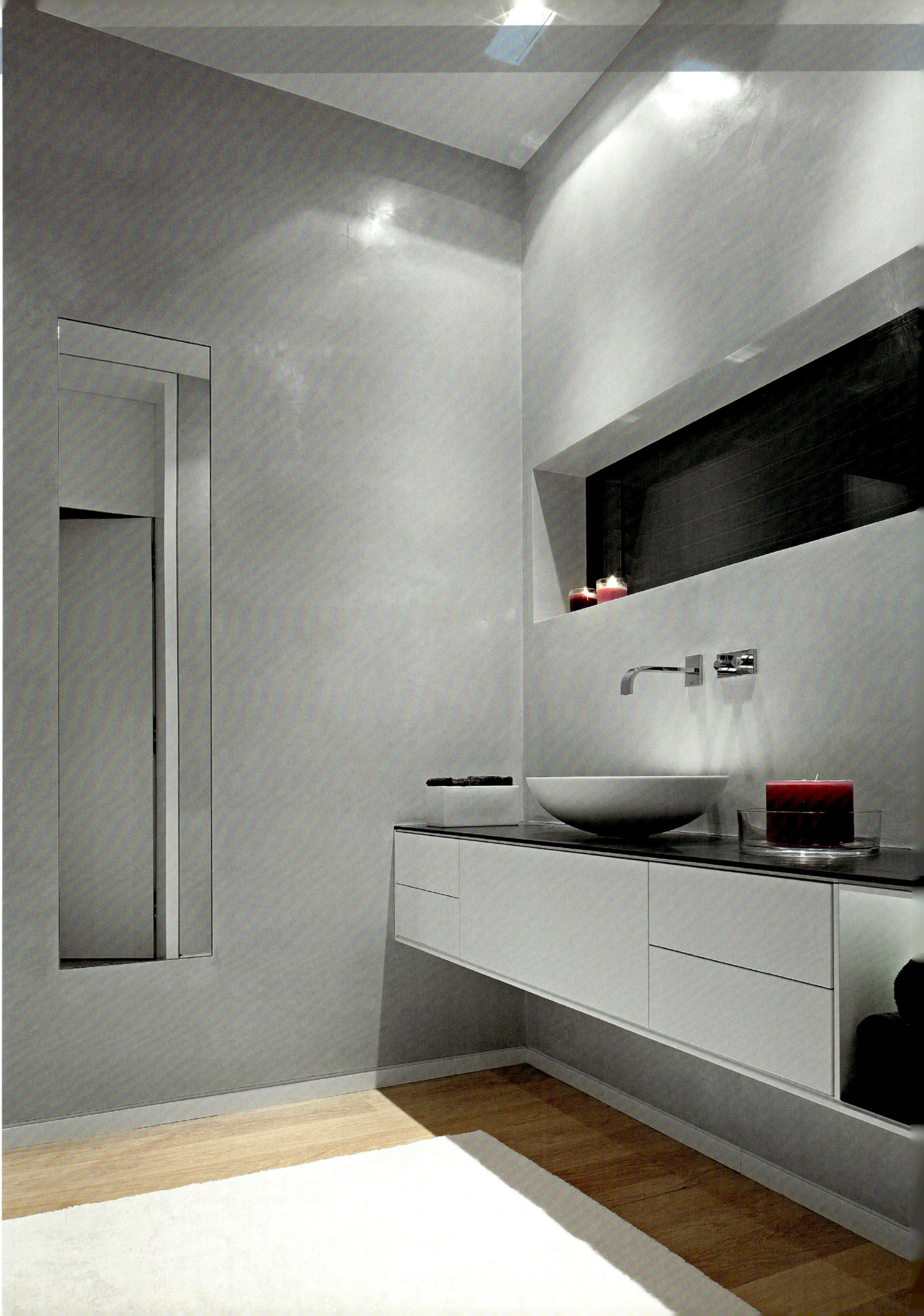

Duschbad und WC nehmen das Design auf

Die Bauherren legten Wert auf ein abgestimmtes Gestaltungskonzept für alle Bad- und WC-Bereiche im Haus. Die Badplaner übertrugen das Design aus dem großen, weiträumigen Bad auf das angrenzende WC und entwarfen auch das kleinere Duschbad sowie ein seperates Gäste-WC entsprechend: Tadelakt als Putztechnik auf allen Wänden, die daher fein schimmern und im Falle eines Falles Luftfeuchtigkeit zum Beispiel aus der Dusche gut aufnehmen können (und langsam abgeben). Dank seiner speziellen, seifigen Imprägnierung ist der mehrschichtige Tadelaktputz auch im unmittelbaren Nassbereich einsetzbar.

Strenge Geometrie prägt jetzt alle Räume, die mit Wasser und Wohlfühlen und Rückzug zu tun haben, möglichst wenig gestört durch Möbel und andere Aufbauten an der Wand. Das erkennt man besonders gut an diesen handwerklichen Details: Im Duschbad ist der Spiegel bündig in die Wand eingelassen, im WC-Bereich ist der Stauraum für Bürste und Papierrollenvorrat ein schmales Einbauelement. Über der Vorwandinstallation für das WC ist weiterer Stauraum für Haustechnik diskret hinter einer Flügeltür versteckt. Keine Griffe stören auf den glatten Flächen. Das gilt auch für die jeweiligen Waschplatzkonsolen mit Auszügen. Die Schubladen haben Beschläge, die auf Antippen funktionieren. Eine warme Note erhalten Duschbad und WC durch die gekälkten Eichendielen, farbige Accessoires setzen weitere, sparsame Akzente. Alles ist wohlgeordnet – für die Konzentration auf das Wesentliche, das Wohlfühlen, das Zur-Ruhe-Kommen, auf den persönlichen Rückzugsbereich und eigenen Körper. 💧

Waschschalen: Domovari
Waschtischmöbel: Tischleranfertigung
Armaturen, Brause: Dornbracht
WC: Ideal Standard
Wandeinbau WC-Bürstengarnitur: Emco
Wandputz (Tadelakttechnik): über Fachbetrieb
Deckeneinbauleuchten: Brumberg Leuchten
Spülbetätigung: Tece
Kosten: keine Angaben

< Schimmernder Tadelaktputz prägt alle Wände in Bädern und WCs dieses Hauses. Minimalistisches Design kennzeichnet Waschplatz und Möbel, hier im extra Duschbad.

> Nichts stört auf den Flächen, auch die WC-Bürstengarnitur ist (hier im Gäste-WC) bündig in die Wand eingebaut.

< Hoher Sinn für klare Architektur: der Duschbereich ist eine Sonderanfertigung und vollflächig eingebaut. Der Raumteiler besitzt eine beleuchtete Ablagenische.

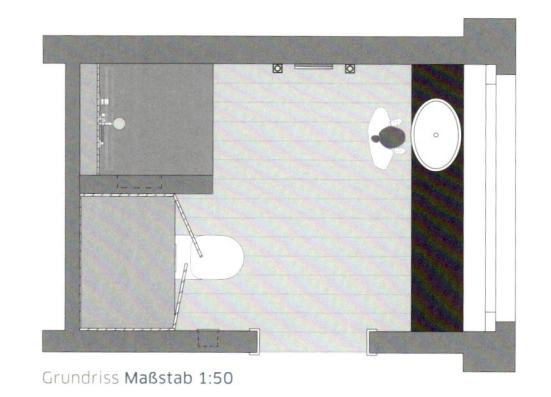

Grundriss Maßstab 1:50

Licht im Bad – gute Planung für mehr Genuss

Im Interview: Dominic Sacher – Lichtplaner, Leuchtendesigner und Autor mehrerer Bücher zum Thema Licht und Wohnen – arbeitet seit vielen Jahren für das Thema „gutes Licht". Er ist als Berater und Unternehmer mit unterschiedlichen Bereichen in der Lichtbranche und ihrem Umfeld tätig. Sacher lebt und arbeitet in Bayern.

Das Bad wird immer stärker als Teil des Wohnens wahrgenommen, nicht mehr allein als reiner Funktionsraum. Das zunehmend populäre Verschmelzen von Bad und Wellness, Relaxen und Schlafen: Was bedeutet das für die Beleuchtung im Bad?

Zuerst einmal bedeutet der Wandel in der Wertschätzung des Bads, dass dieser Raum als Teil der gesamten häuslichen Sphäre behandelt werden muss. Die Ansprüche ans Wohnen machen vor der Tür zum Bad nicht Halt; das gilt umso mehr, wenn das Bad offen ist. Das Leuchtendesign im Bad sollte zum Wohnstil und den Qualitätsansprüchen passen, es kann dann zum Beispiel die Atmosphäre vom Schlafbereich ins Bad fortführen.

Der herkömmliche Badspiegelschrank, der mit seiner Leuchtstoffröhre über dem Waschbecken hängt, oder die singuläre Lichtkuppel unter der Decke tun's nicht?

Auf keinen Fall. Eine einladende Atmosphäre im Bad ist das A und O des Wohlfühlens, morgens zum Wachwerden und abends für den entspannenden Ausklang des Tags. Schon diese Aufzählung zeigt ja, dass zu unterschiedlichen Zeiten verschiedene Ansprüche ans Bad gestellt werden. Ein Allgemeinlicht kann das nicht leisten. Vor allem nicht, wenn es sich nicht dimmen lässt. Steuerbare Lichtstärke und differenzierte Lichtfarbe gehören im Bad zur Grundausstattung.

Das Dimmen von Lampen ist heute Allgemeinwissen, aber mit der Lichtfarbe und ihrer Bedeutung tun sich doch manche schwer ...

Es gibt ein Beispiel dafür, wie wir intuitiv auf Lichtfarbe reagieren: die Freude an Kerzenlicht und das Frösteln unter Neonröhren. Das liegt am unterschiedlichen Spektrum und der sogenannten Farbtemperatur dieser Lichtquellen. Eine eingefärbte Glasabdeckung – also zum Beispiel ein Opalglas – lässt das Leuchtstofflicht (Neon & Co.) milder ausfallen, streut weich, ändert aber am fehlenden Teil des Spektrums nichts. Die Alternative zu Leuchtstofflampen (klein und gewendelt stecken solche Röhren auch in Energiesparlampen) ist Halogen – als Strahler mit angenehmer Lichtfarbe, in der traditionellen Form für eine Lampenfassung oder als Niedervoltsystem (12 Volt) an Schienen oder Kabeln. Immer wichtiger werden die neutral oder warmweiß abgemischten und tageslichtähnlichen LEDs.

Wenn man nun die richtigen Lampen, deren Charakteristik einem zusagt, hat: Wie geht man weiter vor – einmal an der Wand entlang?

Gute Lichtplanung hebt Bereiche hervor, die bemerkenswert sind und ins Auge fallen – zum Beispiel reizvoll haptische Wandoberflächen oder besonders schöne Oberflächenmaterialien, eine prominente Waschplatzsäule, ein Wannensolitär. Lichtdramaturgie lässt den Raum plastisch wirken, schafft Hingucker wie auch optische Ruhezonen. Man darf es aber nicht übertreiben: Wer alles gleich betont, schafft nur einen ausgeleuchteten Ballsaal ohne Reiz oder ein Aufmerksamkeitsgewitter. Solche Helligkeit ist auf die Dauer ermüdend – aber nicht im Sinne von Wellness. Stets muss man auch die Wechselwirkung von Licht und Materialien beachten: Deckenspots reflektieren auf

^ ^ Licht, Farbe, Glanz – das anspruchsvolle Baddesign (Keuco) mit edlen Glasoberflächen am Waschtisch ist in diesem Beispiel mit einer ebenso originellen wie praktischen Lichtlösung kombiniert.

^ Das Generationenbad – mit viel Komfort, wenn die Beweglichkeit nachlässt oder mehr Hilfe benötigt wird. Keuco bietet hier Lösungen an.

› Dominic Sacher, Lichtplaner und Leuchtendesigner.

poliertem Marmor ganz schön stark. Insgesamt müssen Stimmung, Geschmacksempfinden und Funktion austariert sein.

Stichwort Funktionalität: Da steht das Licht am Spiegel ganz obenan.

Gutes Licht für die Kosmetik sollte auf gleichmäßige Ausleuchtung achten. Lediglich Downlights über dem Waschtisch anzuordnen ist nicht optimal: Deckenspots werfen entweder Schlagschatten oder entpuppen sich als kleine Blendscheinwerfer, wenn man vor dem Spiegel steht. Architektonisch reizvoll wegen ihrer unauffälligen Montage und funktional sind Einbaustrahler, die hinter einem Rahmen zurücktreten und deren Spots sich ausrichten lassen. Ein Tipp buchstäblich am Rande: Ein Dauerlicht in Bodennähe mit sparsamen LEDs ist eine kleine Sicherheitsmaßnahme.

Bei so vielen Leuchten braucht man ja schon einen Schaltplan, um sich noch durchzufinden …

Dafür ist ja der Lichtplaner bzw. Fachmann da, alles so zu verknüpfen, dass es größtmöglichen Komfort bietet. Eine noch etwas aufwendigere, aber hochinteressante Option ist die „intelligente" Elektronik unter dem Begriff „Smart Home": Mehrere Lichtquellen werden mit einem einzelnen Tastendruck an der Wand oder „Touch" auf dem Smartphone gemeinsam angesteuert, sodass ihr Zusammenwirken zum jeweiligen Benutzer innerhalb der Familie, zur Tageszeit und der Funktionalität passt. Also zum Beispiel: „Licht an für Entspannung" oder „Licht zum Munterwerden" oder „Licht zum Saubermachen" … Fans sprechen dabei von Szenarien, die man abrufen kann. Und wenn man schon mal beim Verkabeln ist: Im Bad gehört dann auch die Verknüpfung von Aktivlautsprechern über drahtlose Internetverbindung mit dem PC, MP3-Archiv bzw. Homeserver dazu. Einige Hersteller von Schalterprogrammen bieten Lautsprecher und Einbauradios im Format der Steckdose an. Die werden dann mit dem Schalter- und Steckdosenprogramm zusammen installiert.

Natürlichkeit überzeugt

Raumwunder auf 3 Quadratmetern: Alle Funktionen für ein zeitgemäßes Duschbad – mit einem harmonischen Ambiente kombiniert, das ganz viel Kraft aus der Natur schöpft.

Modernes Wohnen mit seinen vielfältigen Ansprüchen an Komfort und Technik scheint manchmal weit entrückt von der Natur. Das empfanden diese Bauherren als Verlust und suchten für ihr Minibad nach einer Lösung aus natürlichen Materialien und ursprünglichen Formen. Das Gäste-Duschbad in Franken schafft das dank einer professionellen Badplanung auf nur 3 Quadratmetern.

Im Mittelpunkt steht eine Waschschale von geradezu elementarer Wucht, aufgesetzt auf eine archaisch anmutende Konsole. Beide Elemente aus Naturstein erden das Bad im buchstäblichen Sinne und beruhigen den kleinen Raum. Nichts wirkt aufgeregt und modisch. Es dominieren geometrische Grundformen und Flächen, die aufgrund ihrer natürlichen Beschaffenheit faszinieren. Wie zum Beispiel die Maserung des Steins und die bewegte Oberfläche der Putzwände, das Holz der Jalousien und die gebürstete Struktur der Edelstahlarmaturen. Lichtquellen betonen Objekte und Oberflächen so, dass sie optisch das Beste aus den Materialien herausholen. Das gilt etwa für die Konsole, auf der das schwere Becken ruht, und die aufgrund einer indirekten Beleuchtung von unten wie schwebend leicht wirkt. Dabei muss sie nicht allein das Gewicht der Schale tragen und Utensilien am Waschplatz aufnehmen, sondern ist auch noch Sitzbank in der Dusche. Diese Ebene bis in die Dusche fortzuführen, beruhigt den Raum mit einer prägnanten Achse und schafft echten Komfort unter der Brause.

„Das kleine Bad ist funktional und optisch einfach eine gelungene Einheit."

Zu der ruhigen, geradlinigen Lösung trägt entscheidend das Farbkonzept bei, das sich auf erdige Töne konzentriert, passend zu den Marmorplatten an Wänden und Boden. Der körnige Farbputz Terrastone wird auf Wunsch abgemischt. Die Art des Wandauftrags, der immer von Hand erfolgt und daher eigene Charakteristika zeigt, lässt das Farbspiel leicht changieren. Die gesamte Wand hinter dem Waschtisch und der Sitzbank in der Dusche ist geputzt und speziell imprägniert. Dadurch kann die Wandgestaltung auch dem Spritzwasser beim Duschen ausgesetzt werden. Ein Wechsel zu einem anderen Belagsmaterial hätte an dieser Wand einen ästhetischen Bruch bedeutet, der ja gerade durch das optische Band der durchgängigen Steinkonsole verhindert werden soll. So wurden Fliesen nur für die zwei anderen Wände der Dusche gewählt, natürlich auch in Naturstein. Einen hellen Kontrast wie eine weißsandige Insel bietet die auf Maß bündig eingebaute Duschwanne. Sie ist bodengleich, was die Freiheit der kleinen Raumfläche so weit wie möglich wahrt, und eine Maßanfertigung aus Mineralwerkstoff. Dezentes Detail: der verdeckt angeordnete Ablauf.

Die Bauherren sind von dem stimmigen Ergebnis auf 3 Quadratmetern begeistert: „Farben und Formen betonen sich gegenseitig und steigern so den einzelnen Effekt. Echter Mehrwert sind die Ablagemöglichkeiten und der Sitzplatz in der Dusche."

Waschbecken Naturstein: Piba Marmi
Armaturen Edelstahl: Vola
Duschwanne: Domovari
Wandputz, individuell gemischt: Terrastone
Deckenstrahler, Einbaustrahler: Bernd Beisse
Heizkörper: Tubes
Kosten: ca. 35.000 Euro

> Eine Natursteinkonsole trägt das Waschbecken und dient in der Dusche als Sitzbank.

Grundriss Maßstab 1:50

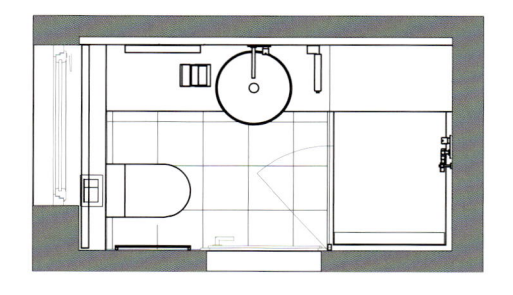

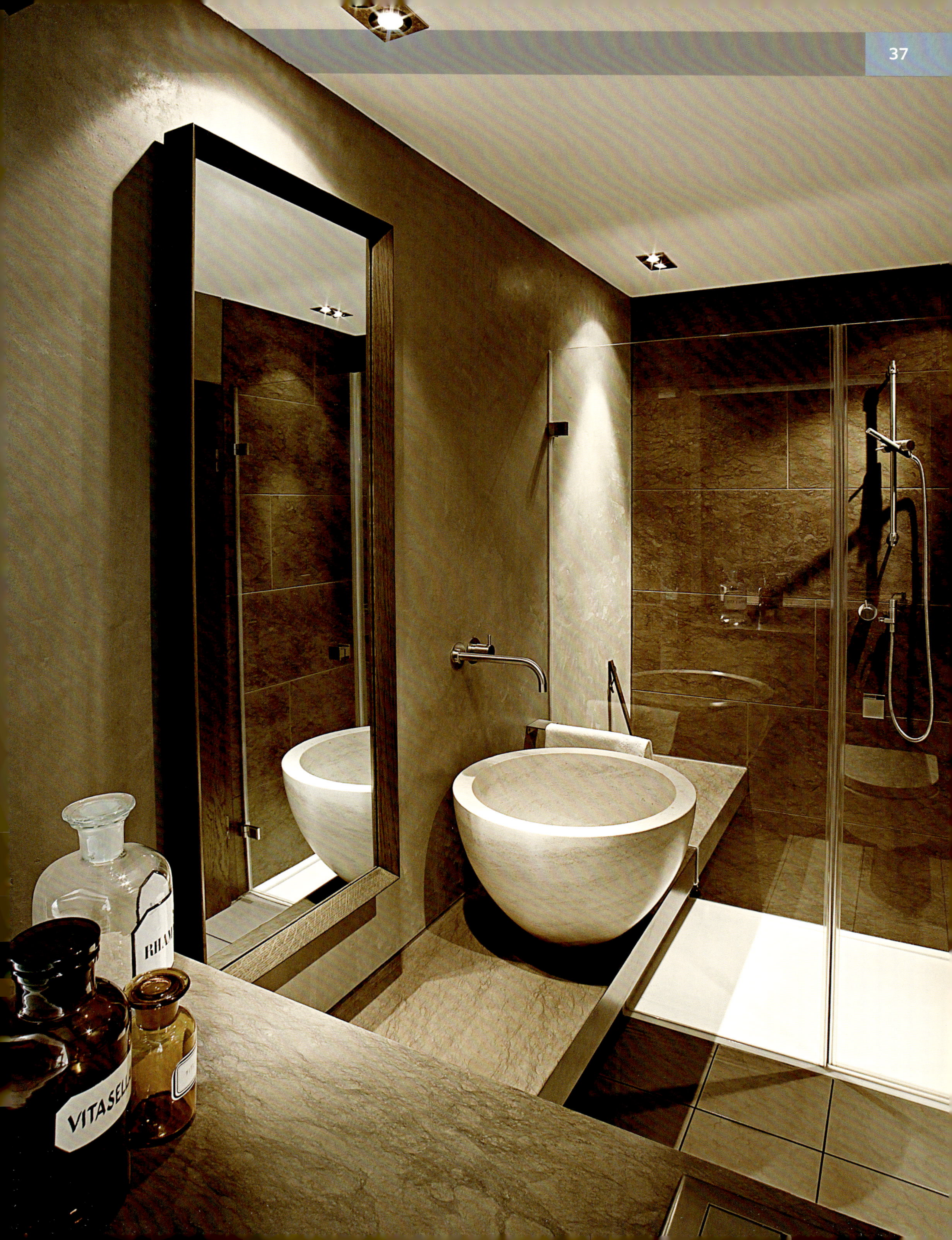

Ein Bad mit vielen Wohlfühlzonen

Ein wohnliches Ensemble aus Wassererlebnis und Kosmetikplatz, Stauraum und Sitzplatz entstand mit dem Umbau in einer Villa. Das Badstudio verwirklichte ein Bad mit traumhaften Details.

Der Aufenthalt in einem herrschaftlichen Luxushotel war der Augenöffner gewesen: Wie wohnlich doch Bäder sein können! Wie harmonisch „trockenes" Bad (Kosmetik etc.) und „nasses" Baderleben miteinander kommunizieren, welche haptische Erlebnisse Oberflächenmaterialien bieten können! Dem Gast, unternehmerisch tätig und viel unterwegs in aller Welt, dämmerte: Hier steckte die Lösung für den Badbereich zu Hause, der in einer Villa ebenso nobel wie veraltet vor sich hin dämmerte, dass es ein Jammer war. Konkretisierung der Ideen und ihre Umsetzung wurden in die Hände der Badplaner gelegt.

Die Idee mit dem „trockenen" und dem „nassen" Bad bildet den Erschließungskern des neuen Bads, denn der Schminkplatz gegenüber der Doppelwaschtischanlage fällt sofort ins Auge. Ein eleganter, Leder gepolsterter Stuhl vermittelt zwischen den Badassoziationen und dem Wohnlichen. Fast fühlt man sich in der Garderobe eines Theaters oder in einem modernen Boudoir. Oder anders formuliert: ein Powderroom, zumindest an der Fensterseite des schlauchartigen Raums. Der mündet im Übrigen – hinter einer fein profilierten Schiebetüranlage – in einem großzügigen, begehbaren Schrank, über dessen unauffällige, aber beruhigende

∨ Stimmungsvolles Licht inszeniert den Nassbereich von der offenen, bodengleichen Dusche bis zur Wanne.

> Elegante Atmosphäre: Waschplatz und Kosmetiktisch. Im Hintergrund ein Einbauschrank.

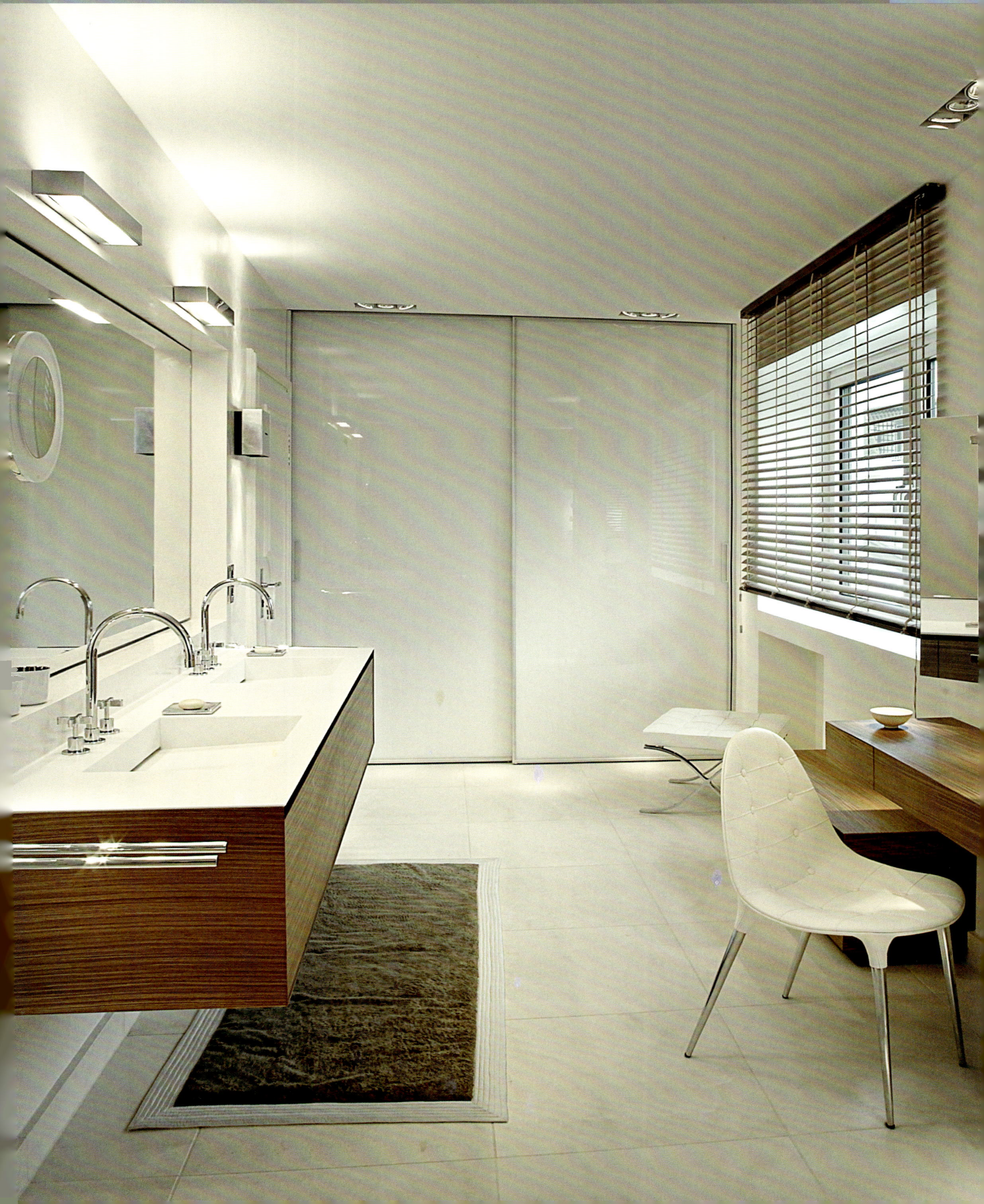

▲ Sandheller Naturstein prägt das gesamte Bad. Einbauten wie für WC, Bidet und das Sitzpodest geben dem Raum Struktur.

Grundriss Maßstab 1:75

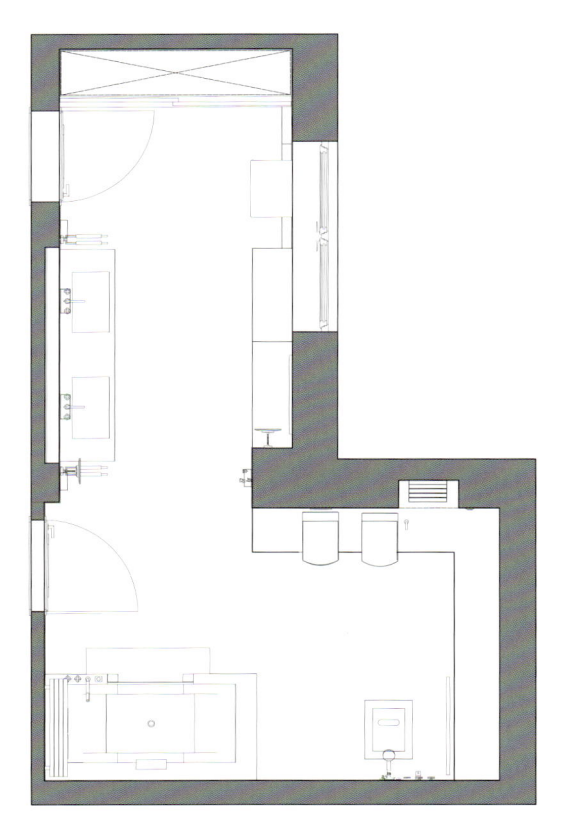

Existenz die Dame des Hauses mehr als froh ist. Ebenso wie über den eigenen Schminkplatz, der ein für allemal den Kompromiss einer Schönheitspflege am Waschplatz ablöst, wo in den meisten Fällen doch einer stets der Untermieter des anderen Waschtischnutzers ist.

Der vielleicht größte Wohlfühlfaktor entfällt in diesem Bad auf den „Nassbereich" jenseits von Waschtisch und Schminktisch, nämlich auf Wannen-/Duschbad gleich neben der Tür zum Schlafzimmer. Die bodengleiche Dusche ist ein luxuriöser Freiraum. Naturstein in Beige und mit einem nussbraunen Akzent hinter der Wanne und in der Dusche sorgt für optische Wärme. Eine umlaufende Sitzbank mit Natursteinverkleidung vom WC bis zur Dusche schafft Aufenthaltsqualität. Die oft als störend empfundenen Elemente WC und Bidet sind in diese Sitzbank eingebettet – dies gibt dem Raum opitsche Ruhe. Die gespachtelte Wandverkleidung könnte ebenso gut in einem Wohnbereich oder Flur des Hauses auftauchen. Die differenzierte Lichtinszenierung täte auch jedem Wohnzimmer gut.

Licht ist ein Schlüssel zum Wohlfühlen, besonders im Bad. Licht muss nicht nur Orientierung, sondern auch Abwechslung bieten. Es sollte Zonen hervorheben und dadurch den Raum in der Tiefe staffeln. Nicht zuletzt muss es dem Tageslicht nacheifern – was nicht immer ganz leicht ist. Aber Halogenspots, die in diesem Bad als Deckeneinbau-Trios reizvolle Lichtstreifen auf die Akzentwand werfen und auch die Dusche und Wanne inszenieren, geben angenehm „sonnige" Lichtfarbe. Bei dem Lichtkonzept mit „emotional lighting" liegt der Spot zu Recht auf dem Emotionalen – sehr zum Vergnügen der Bauherren. ♦

„Ich wünschte mir ein Bad wie in einem Tophotel. Das ist gelungen."

Waschtischanlage, Schminkplatzkonsole
mit Sitz darunter: Antonio Lupi
Armaturen: Czech and Speake
Regenpaneel für die Decke: Dornbracht
Wanne: Nevobad
Naturstein Bodenbelag: Piba Marmi
Spiegel mit Klappflügeln und Licht: Minetti
Kosmetikspiegel mit LED: Emco
Leuchten über Doppelwaschtisch: Decor Walther
WC, Bidet: Flaminia
Jalousie: Ann Idstein
Heizkörper: Tubes
Beleuchtung: Bernd Beisse
Schiebetürsystem: Rimadesio
Kosten: ca. 130.000 Euro

∧ Ein Hauch von Theatergarderobe umweht den kleinen Schminkplatz im „trockenen" Teil des Bads.

∨ Die Kunst des Glasers: die einteilige Glasabtrennung so auszuschneiden, dass Schräge und Podest berücksichtigt werden. An der Decke: Regenhimmel.

∨ Die dunkle Natursteinwand bildet einen ruhigen Abschluss für den gestreckten Bad- und Wellnessbereich. Strahler akzentuieren sie.

42

Tradition und Moderne

Der Blick auf die Alpen verpflichtet: eine moderne Interpretation des Ländlichen, naturnah und in Details rustikal. So schuf sich ein Paar das ganz persönliche Elternbad mit allen Zutaten für Wellness und individuellen Rückzug.

Das Beste aus verschiedenen Quellen schöpfen, was sich auf den flüchtigen Blick nicht sofort vermählt, aber im Zusammenspiel für Erholung und Wellness eine perfekte Mischung ergibt: modernste Badtechnik und rustikales Ambiente, traditionell verwurzelte Materialien und ein ganz neuzeitlich inspirierter Rückzugsbereich im Haus. Das Bauherrenehepaar aus Österreich legte Wert auf hohe Qualität und eine anspruchsvolle Ästhetik, die nicht den „Alpenstil" der Nachbarn kopieren sollte. So setzt der Entwurf auf kraftvollen Naturstein und Holz – und selbstverständlich schwelgt das neue Bad im Blick auf die Bergwelt.

Das gewünschte Elternbad sollte bewusst ein Refugium der Erwachsenen sein: Schlafzimmer, Ankleide und Bad transparent miteinander verbunden. Das wurde mit einer nur halbhoch geschlossenen Trennwand erreicht, die in der oberen Hälfte verglast ist. So sieht man vom Schlafbereich ins Bad und umgekehrt, und genießt die Weite des lang gestreckten Raums bis zum jeweiligen Giebelfenster. Moderne Durchlässigkeit und traditionelle Rustikalität: Die Trennwand ist zum Teil mit Altholz vom Schreiner gebaut, kombiniert mit

< Ein moderner Waschtisch, durchgängig aus Mineralwerkstoff, und puristische Armaturen treten in Dialog mit rustikalem Stein und altem Holz.

^ Das geräumige Wannenbad mit Dusche (vorne links) und Waschplatz (dahinter) grenzt direkt ans Schlafzimmer.

⌃ Moderne LED-Beleuchtungstechnik im Boden setzt die rustikale Natursteinwand mit Streiflichtern in Szene, hinter der sich die Dusche verbirgt.

grob gebrochenem Quarzit. Zirka 200 Jahre altes Eichenholz prägt auch die Waschtischmöbel und den Hochschrank, beides Maßanfertigungen. Ganz modern hingegen präsentiert sich die Oberfläche vom Waschtisch: elegant anmutender Mineralwerkstoff mit fugenlos eingearbeiteten Becken. Aktuelle Beleuchtungstechnik mit LED setzt den Waschtisch ins rechte Licht und hebt die Qualitäten des Urwüchsigen fesselnd hervor: LEDs sind über die Breite des Spiegelschranks angeordnet, sie beleuchten auch die Wandnische an der Wanne und bestücken die flächigen Bodenstrahler, die die Konturen der Steinwand inszenieren. Vorteil der „kalten" Leuchtmittel LED: Man kann die Bodenstrahler selbst mit nackten Füßen betreten, ohne Brandblasen zu bekommen.

Neben der Waschtischanlage befindet sich die Dusche, die durch eine Quarzitwand abgetrennt ist. Auf der anderen Raumseite ist eine Viertelkreiswanne, bequem für zwei, eingebaut.

In einem anderen Teil des Hauses gestaltete der Badeinrichter einen großzügigen Sauna- und Relaxbereich mit Ruheliegen in einem Aufenthaltsbereich davor. Von einer daran anschließenden Terrasse mit Außenpool kann man das Panorama genießen. Auch in diesem Wellnessbereich konnten die Badspezialisten aus Oberbayern aus dem Vollen schöpfen: Sauna nach Maß, hinterleuchteter Sandstein ist als effektvolle Lichtwand eingesetzt. 💧

„Transparenz war uns ein großes Anliegen – dass man einfach von überall auf die Berge schauen kann."

ᴧ Für den geradlinig gestalteten Hochschrank wurde 200 Jahre altes Eichenholz verwendet.

ᵥ Das Bad ist ein kleines Haus im Haus, mit Fenstern zum Schlafbereich und Flur. Holz und rauer Stein erinnern an die ländliche Umgebung.

Waschtisch, Schränke: Roland Liegl Manufaktur
Waschtischarmaturen: Gessi
Wanne: Hoesch
Wannenmischbatterie: Gessi
Fliesen: Casa Dolce Casa
Sauna: Roland Liegl Manufaktur
Kosten: keine Angabe

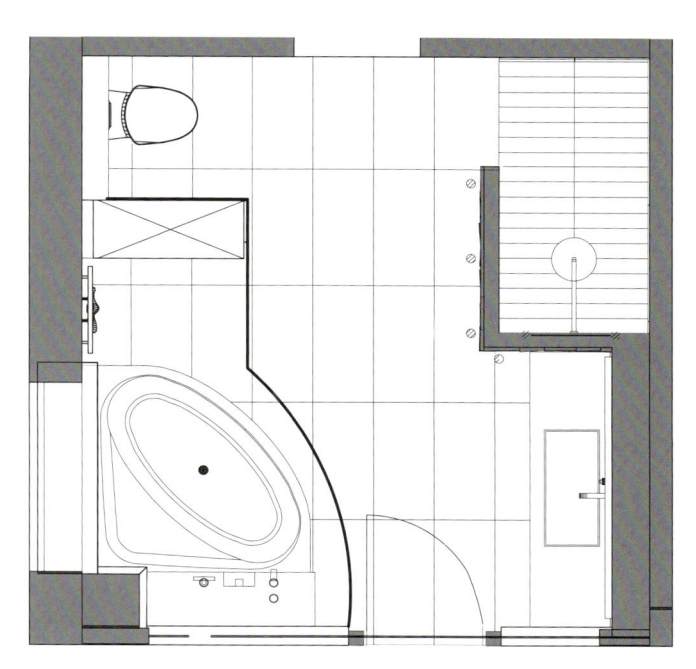

Grundriss Maßstab 1:50

Traumbad in Schwarz-Weiß

Ein überwältigend großzügiges Badrefugium unter dem Dach ließ sich dieses Bauherrenehepaar von Badspezialisten planen: mit Dampfdusche, exponierter Wanne und ausdrucksstarkem Schiefer.

Ein Rückzugsort zum Auftanken, wo nach einer geschäftigen Woche der Sonntagnachmittag zum Genuss ohne Zeitlimit werden kann: So ein Wellness-Refugium mit Anbindung an den elterlichen Schlafbereich wünschte sich das Bauherrenehepaar, das mit seinen Kindern in einem ruhig gelegenen Haus im Hunsrück wohnt. Die Badplaner entwarfen ein Traumbad, das Komfort mit Eleganz verbindet. Ein Lüster über der frei stehenden Wanne fügt ein Symbol von Luxus hinzu – was mit einem kleinen Augenzwinkern gemeint ist. Der eigentliche Luxus ist der Platz, die Ausstattung der Dusche mit Regenhimmel und Dampffunktion und nicht zuletzt die Wahl des zurückhaltend eleganten Natursteins.

Der Doppelwaschtisch ist komplett mittig platziert und steht vor einem passend auf Maß zugeschnittenen Raumteiler, in dem auch Leitungen verlegt sind. Diese Anlage ist der Fokus, wenn man den Raum betritt, wirkt aber – auch aufgrund der Dimensionen des Badezimmers – nicht erschlagend; schließlich kann man um den ganzen Waschtischblock herumgehen. Zwei Becken ruhen auf einem wandhängenden Unterschrank mit einer Glasplatte als Oberfläche, die Rückwand im Spritzwasserbereich ist mit demselben Ein-Scheiben-Sicherheitsglas geschützt. Das rückseitig schwarz la-

∨ Im ausgebauten Dachgeschoss dieses Hauses entstand ein großzügiger Bad- und Wellnessbereich.

> In der geräumigen Gaube des flach geneigten Daches fand die Wanne ihren Logenplatz – und eine stilvolle Lichtquelle.

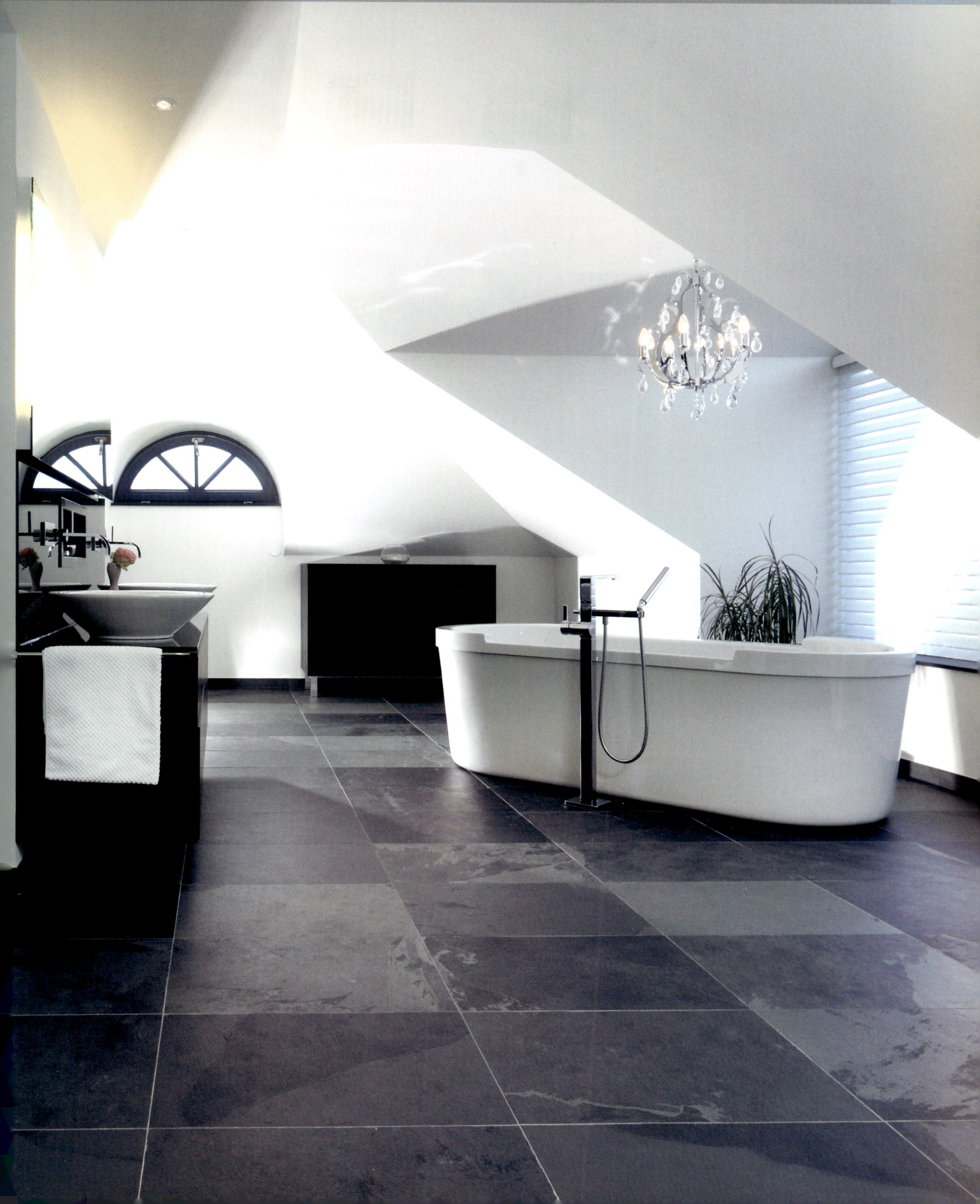

△ Die Dampfdusche mit dem großen Regenhimmel bietet eine bequeme Sitzbank mit Glasmosaik. Boden und Wände sind mit Schiefer verkleidet.

ckierte Glas ist gleichzeitig eine pflegeleichte Rückwand für die praktischen Wandarmaturen. Die lassen den Waschtisch frei und den Waschschalen die Hauptrolle. Der Spiegel hat seine Lichtquellen dezent integriert: Es sind mattierte Flächen im Spiegel, die rückseitig beleuchtet sind. In den Seiten des Spiegelrahmens sitzen Lichtquellen, sodass die ganze Anlage auf Wunsch eine stimmungsvolle Licht-Aureole um sich herum verbreitet. Der schwarz furnierte Waschtischschrank und die schwarz glänzenden Glasflächen korrespondieren mit dem tiefen Dunkelgrau der Schieferplatten am Boden, deren Maserung erst auf den zweiten Blick auffällt. Vornehm zurückhaltend, trotz der rustikalen Steinoberfläche, luxuriös in der Wahl des großzügigen Formats.

Das Bad besitzt mit der Dampfdusche nicht nur eine private Sauna, sondern auch einen überraschend vielfältigen Rückzugsraum im Raum: Eine Audioanlage ist angeschlossen und liefert die passenden Töne auf Knopfdruck der Fernbedienung. Und ein Regenhimmel bietet zusammen mit den Seitenbrausen ein variantenreiches Programm von aktivierenden oder entspannenden Wassererlebnissen. Kleine Dinge können in der beleuchteten Ablagenische platziert werden. Die eigens gemauerte, mit Mosaik belegte Sitzbank ist für das Bauherrenehepaar ein beliebter Platz für ihre Auszeit im Tropenregen geworden. ◊

Waschbecken, Wanne, WC, Bidet: Duravit
Armaturen, Regendusche: Dornbracht
Spiegel mit Licht: Antonio Lupi
Wandaufbauleuchten: Bernd Beisse
Handtuchtrockner: Kermi
Glasmosaik: Original Style
Lüster: Faustig
Kosten: keine Angabe

‹ Der Doppelwaschtisch nimmt eine prominente, frei stehende Position in der Mitte des Wellnessbads ein.

„Bad und Schlafzimmer sind halboffen durch eine Schiebetür verbunden, das genießen wir sehr."

ˇ Abgetrennt, aber nicht völlig verschlossen: der WC-Bereich mit der zum Teil satinierten Tür.

Grundriss **Maßstab 1:75**

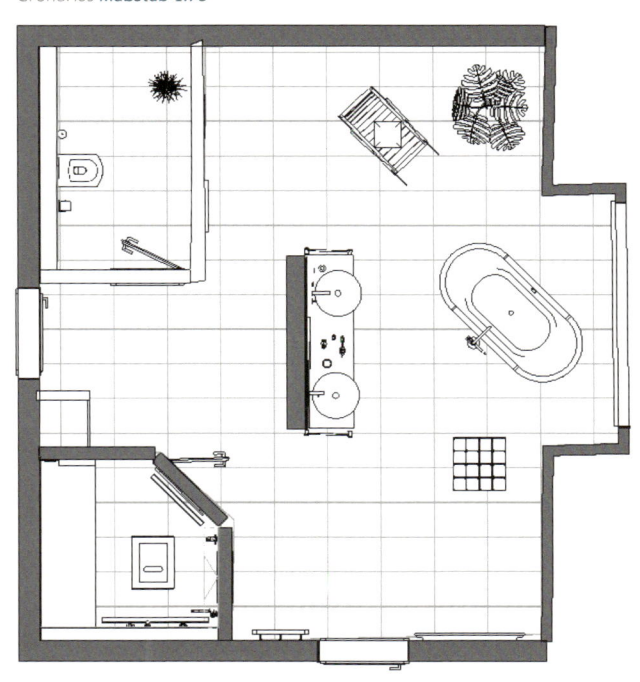

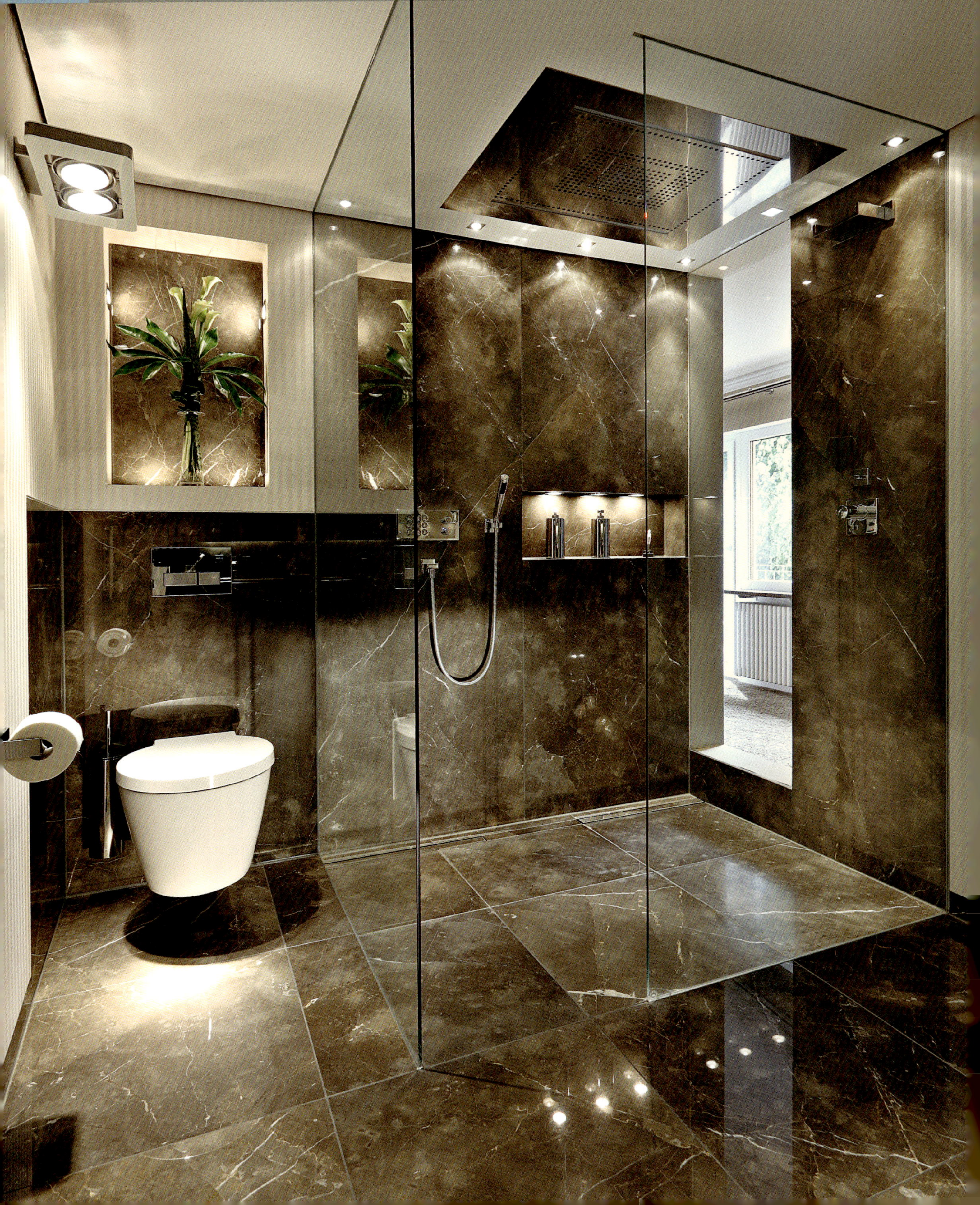

Luxuriöses Duschvergnügen

Warmer Marmor, Symmetrie und wohnliche Dekoration sorgen in diesem quadratischen Bad im Taunus für anhaltendes Wohlbehagen. Die Besitzer sind begeistert vom Konzept der Badplaner.

Endlich Wasser in vollen Zügen genießen. Als Tropenregen oder leichten Vorhang, als Nebel oder Tropfen, nicht zuletzt als kräftigen Guss. Die Auftraggeber dieser Badrenovierung in einem exklusiven Einfamilienhaus im Taunus sind bekennende Duschfans. So fiel es ihnen leicht, auf die Wanne zu verzichten – das Whirlsystem war sowieso selten genutzt worden – und aus der ehemals kleinen Duschkabine endlich den idealen Wasserplatz zu machen. Natürlich bodengleich und so grazil abgetrennt wie möglich. Die Planer ergänzten das Minibad um einen Teil der angrenzenden Ankleide. Ein schmales Innenfenster lässt den Blick aus der Dusche zum dortigen Fenster und nach draußen zu.

Aber das Bad ist mehr als nur eine geräumige Dusche: Es soll Aufenthaltsqualität bieten, die in diesem Fall auch durch einen Blick ins Grüne aufgewertet wird. Die Besitzer legten Wert auf eine makellose Natursteinausführung, möglichst in einem Stück, und auf zurückhaltende Möblierung. Das stimmige Ergebnis setzt auf die ruhige Wirkung einer symmetrischen Waschtischanlage über eine Wand hinweg, eine fast unsichtbare Duschabtrennung und nicht zuletzt auf warmen Naturstein. Der erdige Farbton des Marmors korrespondiert perfekt mit der wohnlichen Wandbekleidung: Die cremefarbige Streifentapete verleiht dem Wohnbad einen ganz besonderen Charakter.

Stauraum ist links und rechts vom Spiegel angeordnet. Zwei Waschbecken sind harmonisch in eine durchgängige Steinplatte eingesetzt und korrespondieren mit zwei Paar Downlights in der Decke: Symmetrie schafft Ruhe. Der Unterschrank am Waschplatz wird von einem Lichtkegel scheinbar schwebend gehalten, und das indirekte Licht am Spritzschutz lässt den Spiegel (mit satinierten Lichtfeldern) plastisch hervortreten. Auf der gegenüberliegenden Seite tragen eine beleuchtete Ablagenische und Downlights rund um die Dusche zur Grundbeleuchtung bei. Das Prinzip: Viele verteilte Lichtquellen beleben die Raumwahrnehmung, differenziert gesteuertes Stimmungslicht trägt zum Wohlfühlen bei.

„Wir wünschten uns luxuriöses Duschen, die Wanne durfte ruhig wegfallen."

Wellness – manchmal braucht es einfach ein bisschen mehr Power. Die Badplaner haben bei dem Umbau berücksichtigt, dass die große Duschanlage hinreichenden Wasserdruck benötigt und deshalb einen darauf proportionierten Abfluss. Während sich letzterer Punkt leicht mit einer breiten Linienentwässerung realisieren ließ, musste für das volle Wasservergnügen eine Druckerhöhungsanlage eingebaut werden: Ein Tipp für alle, die unter solchen Tropenbrausen nicht im Nieselregen stehen wollen. Mit diesem Turbo steht der Hydrotherapie nichts mehr im Wege.

Waschplatzmöbel: Antonio Lupi
Spiegel: Zierath
Handtuchtrockner: Tubes
Armaturen, Regenbrause: Dornbracht
Wandaufbauleuchten: Bernd Beisse
WC: Duravit
Kosten: keine Angabe

< Bodengleiche Dusche mit Regenhimmel, effektvoller Beleuchtung und unauffälliger Abtrennung. Hinten rechts zeigt ein Fensterstreifen aus der Dusche über die angrenzende Ankleide zum dortigen Fenster.

> Gegenüber der Dusche: der Doppelwaschtisch. Die besondere Streifentapete macht das Bad wohnlich.

Grundriss
Maßstab 1:75

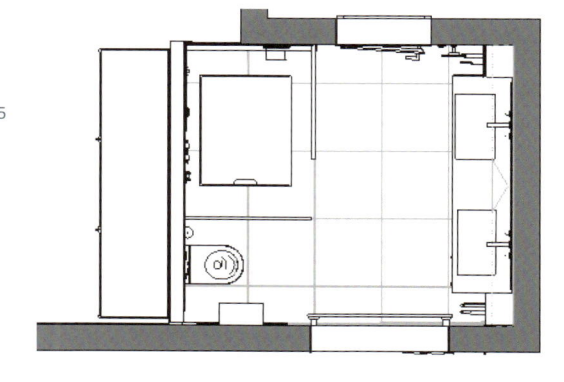

Spitzenlösung für ein kleines Bad

Ein Bad auf kleinem Grundriss hat alle Chancen auf einen bemerkenswerten Auftritt mit Komfortgewinn. Das zeigt das folgende Umbaubeispiel.

Ein spitz zulaufender Badraum mit fünf Ecken und nur 6 Quadratmetern: eine knifflige Aufgabe für jeden Badplaner. Umso mehr, wenn alle Badfunktionen und möglichst viel Komfort auf der komplizierten, begrenzten Fläche untergebracht werden sollen. Die Badplaner fanden eine maßgeschneiderte Lösung, die das an Design interessierte Kundenehepaar bestens bediente und zugleich auf eine kluge Raumaufteilung setzte.

Der ungewöhnliche Grundriss, der die Planer herausforderte, war einer Architekturmode der 80er-Jahre geschuldet, in denen das Doppelhaus gebaut worden war. Wie bei Wohnhäusern aus dieser Zeit häufig anzutreffen, war das Gebäude diagonal in zwei Wohneinheiten geteilt, deren Räume daraufhin spitz zuliefen. Hat das Bad dann noch eine bescheidene Standardfläche, so tauchen gestalterisch einige Probleme auf. Dass trotzdem eine stimmige Lösung außerhalb der Norm gefunden wurde, stellt ein kleines Raumwunder dar, denn das Bad beherbergt nun sowohl Dusche wie auch frei stehende Wanne, einen geräumigen Waschplatz und sogar noch ein WC.

Die Planer definierten für das neue Bad augenfällige Nutzungszonen, und zwar durch ein Podest in der einen Raumhälfte und den Wechsel im Bodenbelag. Es gibt wiederkehrende Elemente, was die Architektur optisch unterstützt: hier Holzboden und Teakholz am Waschtisch, dort Mosaik für den Wannenbereich und die Dusche auf dem Podest. Dezente Farbigkeit verbindet die Wanne aus Mineralwerkstoff und die Wandverkleidung in der Dusche auf derselben Seite, deren Grau mit dem Waschbecken gegenüber korrespondiert.

v Auf dem mit Mosaik gefliesten Podest teilen sich Wanne und Dusche den Platz.

> Waschplatz und Wannenpodest laufen spitzwinklig aufeinander zu. Trotzdem bleibt am Becken dank der breiten Ablage genügend Raum.

53

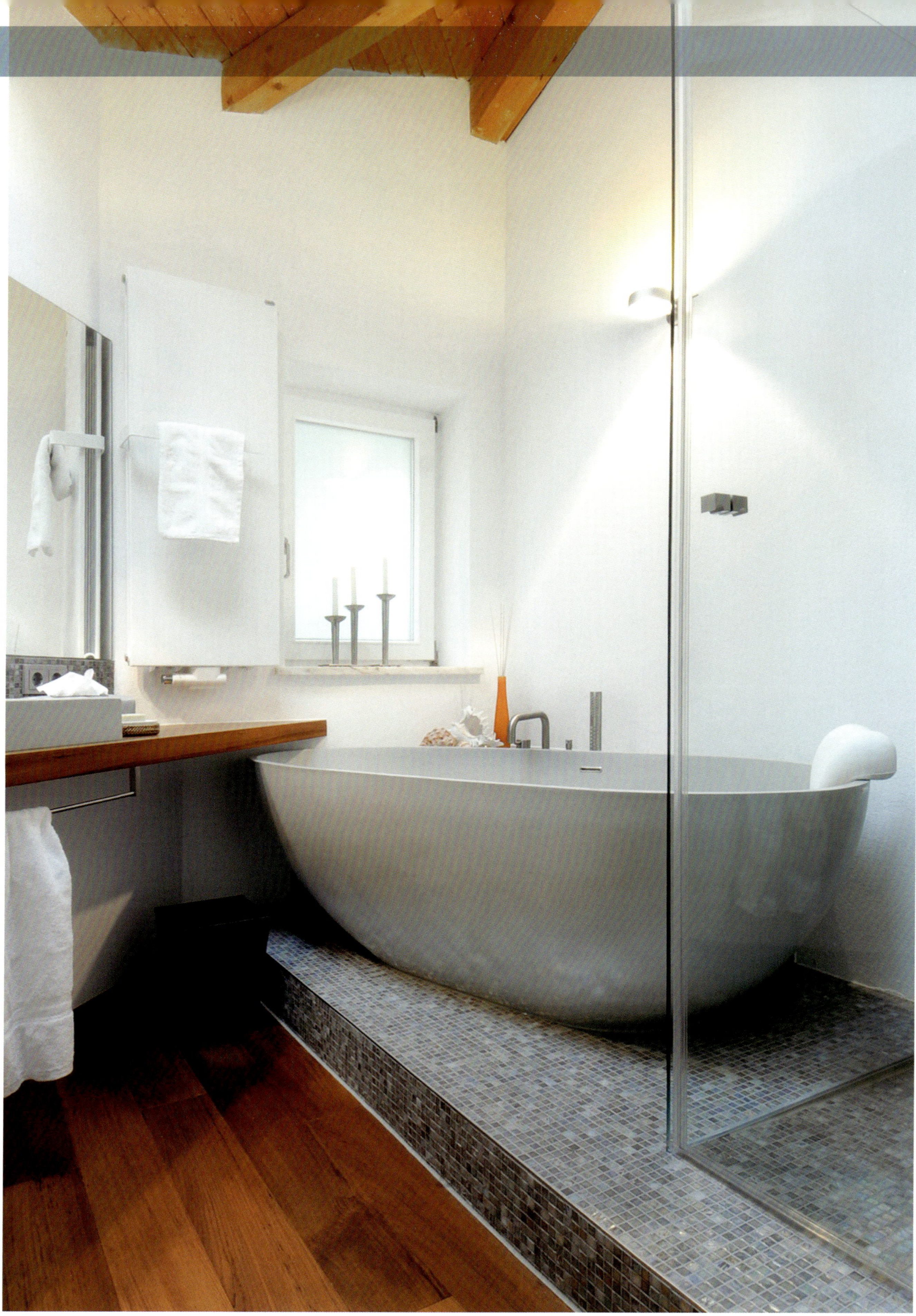

„Vor die Entscheidung gestellt:
‚Neues Auto oder schöneres Bad?',
haben wir uns für das Bad entschieden
und es nie bereut. Schließlich hält es auch
deutlich länger ..."

Auch Edelstahlarmaturen treten auf beiden Seiten auf. Der Holzboden wiederum wird fortgesetzt im Flur, zu dem eine Raum sparende Glasschiebetür führt.

Holz war den Bauherren – einem Ehepaar, dessen Kinder aus dem Haus sind – als Wohlfühlmaterial wichtig, ebenso aber auch zeitgemäßes Design. Dazu gehören die frei stehende Wanne und die minimalistische Anlage der Dusche, die von einer rahmenlosen Glaswand vom Wannenbereich getrennt ist. Funktionalität kommt nicht zu kurz: die Waschtischplatte ist mehr als breit genug für alle Utensilien, die hier von zwei Personen genutzt werden wollen. Und eine dreieckige Abmauerung in der äußeren Ecke hinter der Wanne gewährt die an dieser Stelle benötigte Abstellfläche. Zusätzlich zur Handtuchstange unter dem Waschtisch bietet auch der flache Designheizkörper an der Wand einen Handtuchhalter in Griffnähe zum Waschbecken. 💧

∧ Eine satinierte Glasschiebetür führt vom Flur ins kleine Bad. Holzboden verbindet die Bereiche.

Waschbecken, Wanne: Aventi
WC: Keramag
Waschtischmöbel: Maßanfertigung
Armaturen: Ritmonio
Mosaik: Sicis
Wandaufbauleuchten: Toplight
Heizkörper: Caleido
Kosten: ca. 43.000 Euro

< Holz an Boden und Decke, dazwischen Mosaik und modernes Design: Das Podest ermöglicht eine bodengleiche Dusche.

Grundriss Maßstab 1:50

Sieger Design –
ein Kreativbüro prägt die Badbranche

Seit drei Jahrzehnten tummeln sich die Siegers im Bad. Eine kreative Familie, aus der erst Dieter Sieger und mittlerweile auch seine zwei Söhne fast unzählige Produkte für das moderne Bad mit namhaften Herstellern zur Welt brachten. Armaturen, Objekte, Möbel fürs Wohnbad – zahlreiche Klassiker wie Hingucker stammen aus der Kreativschmiede Sieger Design im Münsterland. Das rund 40-köpfige Team arbeitet für Hersteller vieler Branchen, aber das Bad bleibt Dreh- und Angelpunkt. Christian und Michael Sieger beantworten im Interview die Fragen, wohin sich das Bad entwickelt und was der Faktor Design dazu beiträgt.

Fühlen Sie sich als Kreative über Jahrzehnte hinweg immer noch wohl im Bad(thema)? Wie viele Armaturen kann es schließlich noch geben?

Michael Sieger: Wir fühlen uns sehr wohl mit dem Thema Bad, weil es noch viel Potenzial hat: die Digitalisierung, das Zuschneiden der Funktionen auf den Anwender, weg von der reinen Gestaltung, hin zum Fokus auf den Nutzen. Da ist noch längst nicht alles ausgereizt, was in anderen Bereichen bereits zum Alltag im 21. Jahrhundert gehört.

Wohin entwickelt sich das Bad Ihrer Meinung nach?

Michael Sieger: Erlebnis-Szenarien werden an Bedeutung gewinnen. Wie begegne ich dem Wasser, wie kann ich das Wassererlebnis so konfigurieren, dass es zu meiner Situation und zu meinen Bedürfnissen passt? Zum Beispiel ein Brausesystem, das verschiedene Programme bzw. Szenarien je nach meiner Stimmung unter der Dusche abspielt, die Lieblingstemperaturen und Brausearten aller Familienmitglieder kennt und bereithält, möglicherweise auch die Höhe der Seiten- und Kopfbrausen anpasst ...

Christian Sieger: ... und pure Technik vielleicht weithin verschwinden lässt. Weniger ist mehr – das gilt zunehmend auch im Bad. Nach unserer Beobachtung wird das Design schlichter, je komplexer die Technik dahinter ist – Beispiel Mobiltelefone. Ich prognostiziere, dass viele Geräte, die wir heute noch für bestimmte Funktionen kennen und identifizieren, verschwinden werden – irgendwohin, in die Wand, in Oberflächen. Das bahnt sich in der Beleuchtungstechnik bereits mit LED und OLED an: Licht tritt aus Flächen aus, das können Wandoberflächen oder Stoffe sein, anstatt von installierten Leuchten emittiert zu werden. Wir wollen ja das Ergebnis, sprich: Komfort und Nutzen, und fokussieren nicht auf das Gerät, das dies bereitstellt.

Das Bad selbst wird wohl nicht verschwinden ...

Michael Sieger: Auf gewisse Weise wird es mit dem Wohnen verschmelzen. Der Grundriss öffnet sich, das Bad sieht schließlich auch heute schon ganz anders aus als vor 15 oder 20 Jahren, als mein Bruder und ich in dieser Branche anfingen. Zudem erreicht der Gesichtspunkt „Mobilität" das Bad – nämlich der Gedanke, beim Umzug etwas mitnehmen zu können ... Auf jeden Fall sehen wir die Dusche als künftigen neuen Zentralbereich des Bads, die Wanne wird mehr oder weniger obsolet. Und was den Waschtisch angeht, ist zu überlegen, welche neuen Funktionen man ihm übertragen könnte.

Christian Sieger: Überhaupt wird Status in Zukunft mehr über die Verfügbarkeit komfortabler Funktionen definiert werden, nicht mehr so sehr über das „Ding" an sich

> Christian (links) und Michael Sieger vor dem Firmensitz Schloss Harkotten im Münsterland.

< Blick in das Privatbad von Michael Sieger.

und sein Äußeres. Wir individualisieren unser iPhone letztlich über Apps. Das Gerät selbst hat seinen anfänglichen Nimbus und hohen Statuswert im Großen und Ganzen eingebüßt. So ist auch ein Wasser-Szenarien-System wie ATT von Dornbracht viel mehr als eine gewöhnliche Dusche, obwohl man ihre Funktionalität auf den ersten Blick nicht erkennt. Eine intelligente Dusche macht die Badewanne eigentlich überflüssig. Zu den Funktionen im weiteren Sinne, die von einem Bad künftig mehr verlangt werden, zählt auf jeden Fall auch der Gesundheitsaspekt, die vorbeugende Umsorgung des eigenen Körpers. Das ist ein Megatrend seit Jahren: sich gesund zu ernähren, fit zu bleiben, die Gesundheit zu erhalten. Davon bleibt das Bad nicht unberührt.

Wie kommt denn nun ein neues Armaturen- oder Baddesign (die Siegers entwerfen ja auch Waschtische und Badmöbel) in die Welt? Betreiben Sie Marktforschung?

Christan Sieger: Jeden Tag, indem wir durch die Welt gehen! Wir sammeln Eindrücke, sehen wie Menschen agieren, wie sich opulente Zeiten mit anderen Stilrichtungen abwechseln.

Michael Sieger: Wir sind Seismografen, setzen uns mit den Gewohnheiten der Menschen auseinander, spüren Erschütterungen auf, bringen sie zu Papier, versuchen, diese ins Baddesign und zum Beispiel in die Mode zu übertragen.

Und daraus wird dann eine Armatur wie etwa die „Deque" im Jahr 2011, die sich im Unterschied zur vorherigen Neuheit „Supernova" geradezu klein macht und dezent ist.

Michael Sieger: In gewisser Weise, ja. Sie ist Ergebnis von Überlegungen „nach der Krise" – ein wenig bodenständiger, geerdeter als manches Design aus den Jahren vor der Wirtschaftskrise, das ziemlich auftrumpfend daherkam. Mich haben in der Entwicklung die klassischen englischen Armaturenausläufe, die auch so flach sind, fasziniert. Aber „Deque" ist natürlich ein Design ganz aus der Gegenwart …

Christian Sieger: … das möglicherweise in Teilen der Welt, wo man auf ein anderes Volumen und ein anderes, präsenteres Erscheinungsbild Wert legt, nicht so leicht zu vermitteln ist. ♦

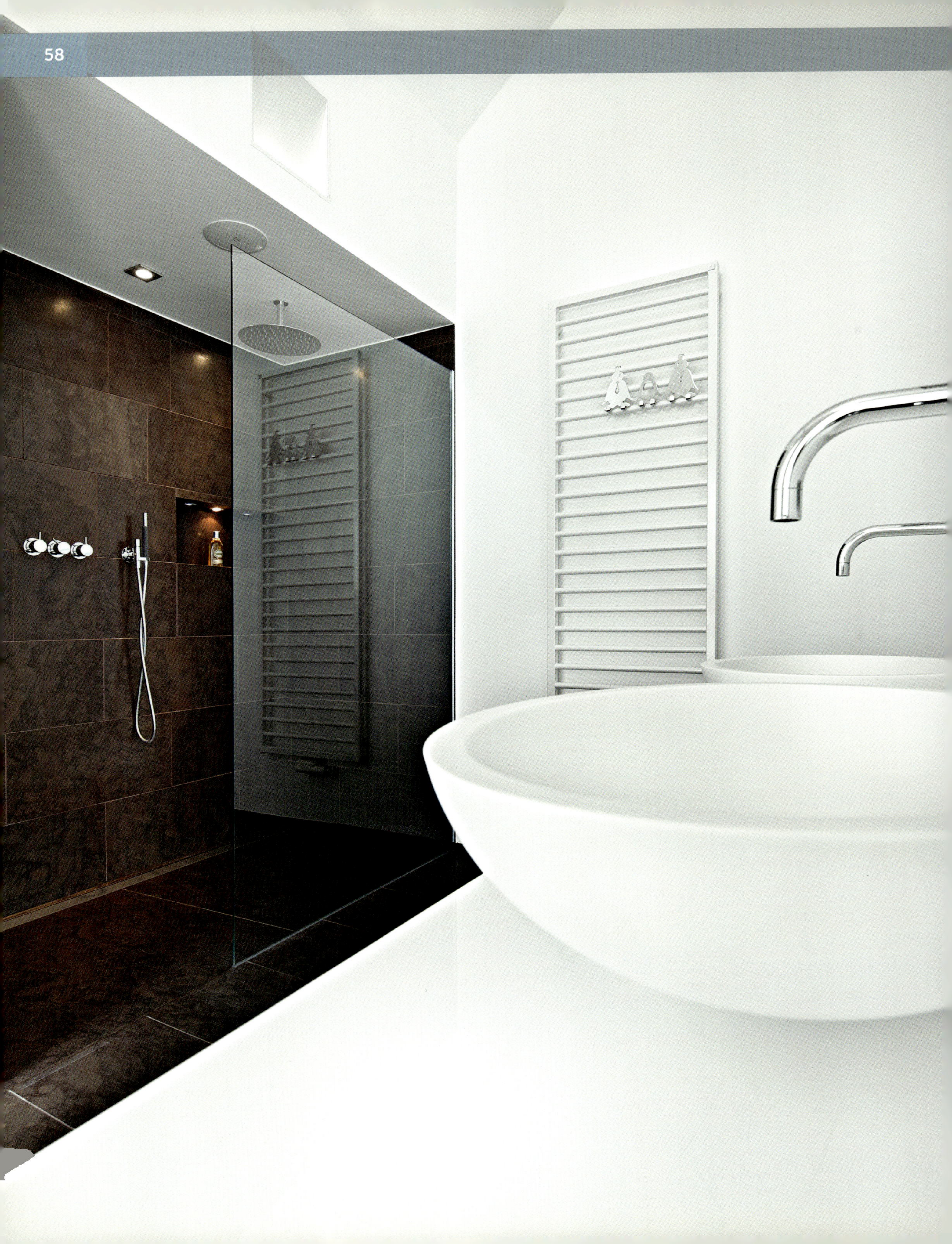

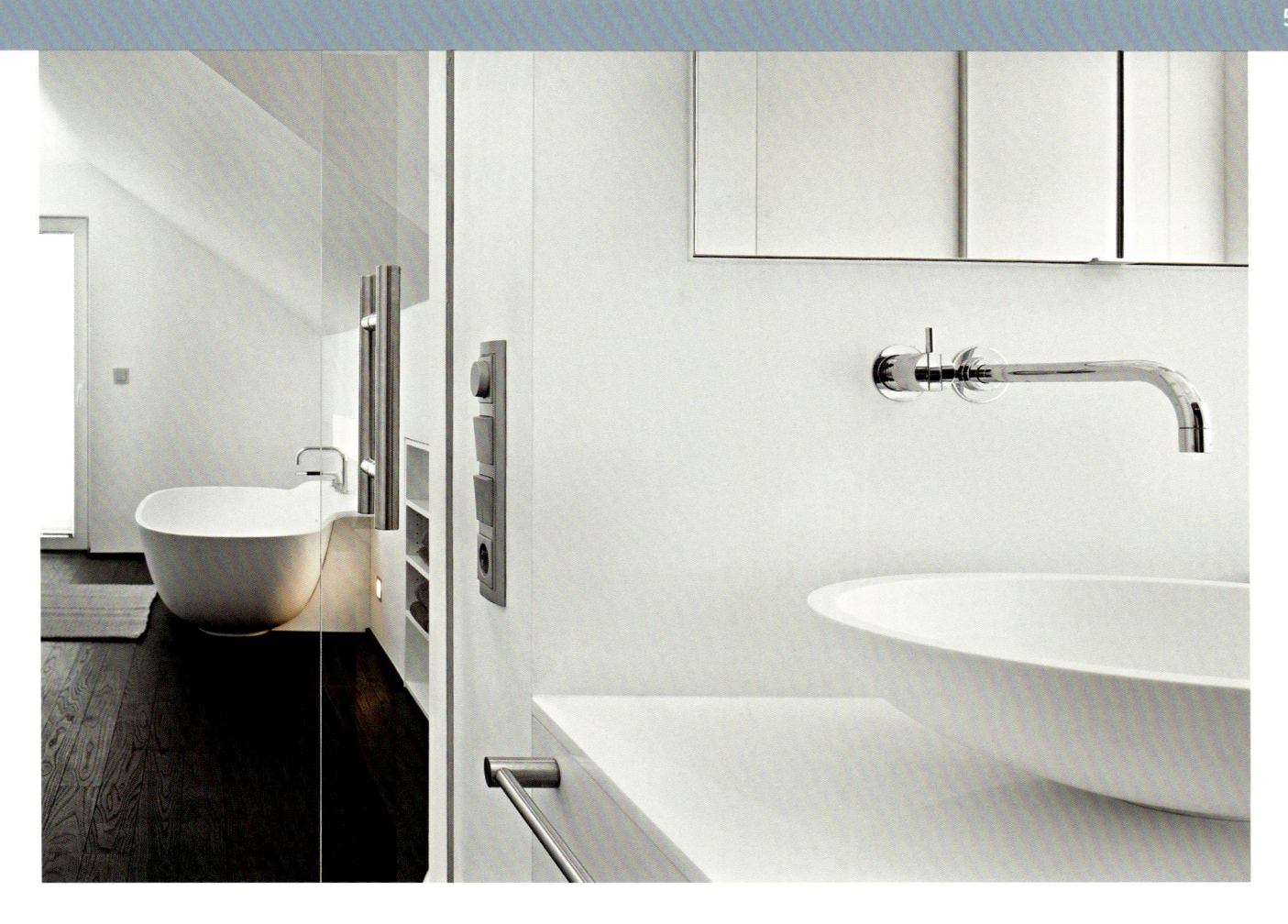

Ein lichtes Refugium mit Raumteiler

Einen ruhigen Rückzugsraum für Wellness, Körperpflege und Besinnung wünschte sich ein Ehepaar im Ruhrgebiet. Badspezialisten organisierten eine lichtdurchflutete Oase – inklusive Elternschlafzimmer.

Die Helligkeit und der freie Platz lockten. Der bis dahin kaum genutzte Dachboden in ihrem Eigenheim war in den Augen des Bauherrenehepaars geradezu ideal dafür geeignet, zum multifunktionalen Rückzugsraum zu werden: Schlafraum und geräumige Wanne – Waschplatz und Dusche etwas an die Seite, aus dem Blick gerückt, das WC diskret versteckt. Der große, ungeteilte, 40 Quadratmeter große Raum bot sich darüber hinaus auch dazu an, mit neuen Stauraumlösungen zu experimentieren: zum Beispiel Schränke in einem Block frei im Raum zusammenzufassen, als optische Abschirmung. Eine Abtrennung, die auf jeden Fall luftig bleiben sollte. Entsprechend kann man um diesen Raumteiler herumgehen. Und darüber ist viel Luftraum – bis hinauf in den Dachfirst.

Die transparente Badarchitektur wird entscheidend von dem puristischen Schwelgen in Weiß geprägt. Nicht nur der den Raum teilende, frei stehende Schrankblock ist weiß und grifflos, auch Waschplatzmöbel und Becken sind mattweiß und wirken ebenso edel wie in der Designsprache zurückgenommen. Die Wandarmaturen sind fast die einzigen fremden Ele-

< Lebhaft gemaserter, warmtoniger Naturstein verkleidet die Dusche, die mit einer einzigen, rahmenlosen Scheibe sehr dezent abgetrennt ist.

∧ Maximale Helligkeit und Transparenz, kontrastieren mit Holz und dunklem Stein – das ist das Rezept für dies Wohnbad.

mente in diesem weißen Ambiente – und minimalistisch sind auch sie. Einen natürlichen Kontrast in erdigem Braun setzt der Duschbereich gegenüber des Waschtischs: ein dezent dekorativer Naturstein, leicht wolkig strukturiert, kleidet einen Raumkubus aus, der mit einer rahmenlosen Glasabtrennung so transparent wie möglich gehalten ist. Eine beleuchtete Ablagenische und eine großzügige Tellerbrause für den Duschregen sind quasi die einzigen gestalterischen Fingerübungen in dieser puren Stilwelt.

Zu der ruhigen Architektur gehört auch die Wanne, die mit ihrer weitläufig an eine Muschel erinnernden Form nun doch ein bisschen heraussticht. Aber in der Wanne sind die meisten Menschen im tiefsten Innern berührt, so darf die Form der Wanne emotional ausfallen. Für musikalische Emotionalität sorgt die Soundanlage, die auch in der Dusche installiert und über ein Bus-System verkabelt ist, bei der ebenfalls der iPod seinen Abspielplatz findet. Wenn nicht gerade Fernsehen angesagt ist: Vom Bett fällt der Blick auf einen großen Flat-TV zwischen Schlaf- und Badbereich. Es ist in der Tat ein vielseitiges Refugium geworden, das nicht nur zum Schlafen genutzt wird, sondern wo man auch tagsüber – zum Beispiel am Wochenende – den Badbereich als Ich-Raum genießen und anschließend eine Siesta halten kann.

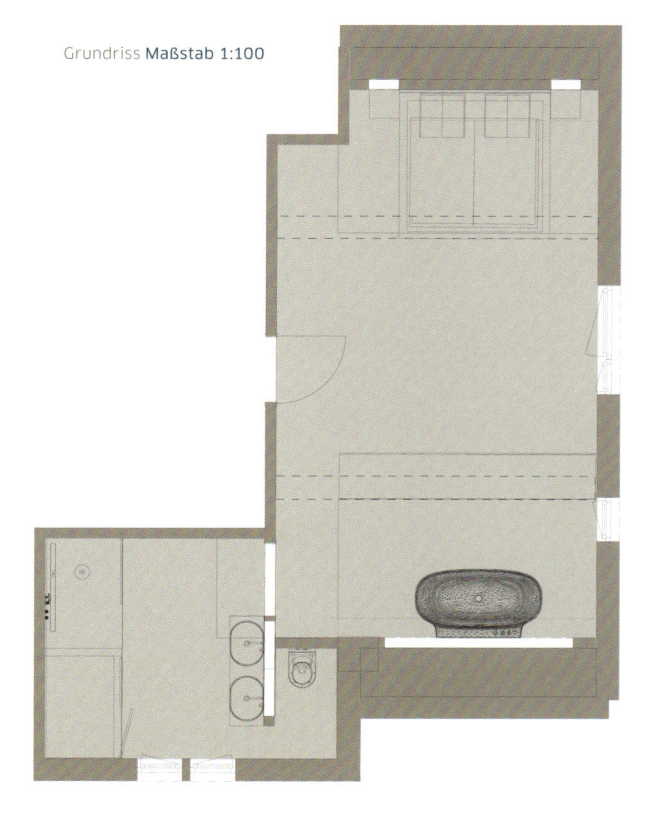

Grundriss Maßstab 1:100

Wanne: Falper
Waschbecken: Domovari
Waschplatzmöbel, andere Möbel: Maßanfertigung
Armaturen: Vola
Regenbrause: Hansgrohe
Einbaulautsprecher mit iPod-Station: Busch-Jaeger
Leuchte am Spiegel, Deckenstrahler: Tobias Grau
Parkett: Mafi
Handtuchheizkörper: Zehnder
Ablaufrinne in der Dusche: Viega
Kosten: keine Angabe

▸ Ein Schrankblock trennt in diesem großen Dachraum luftig Schlafbereich und Bad.

▴ Der Doppelwaschtisch liegt in einem Nebenraum vom großen Schlafzimmer mit Schrankblock und Wanne. Rechts um die Ecke vom Waschplatz geht es zum WC.

▸ Die Wanne, vom Schlafbereich durch den Schrankblock abgeschirmt, hat Blickverbindung zur Dusche am Ende des Durchgangs, wo auch der Waschplatz liegt.

„Wir wollten den hellen Raum endlich für uns allein genießen. Das können wir jetzt."

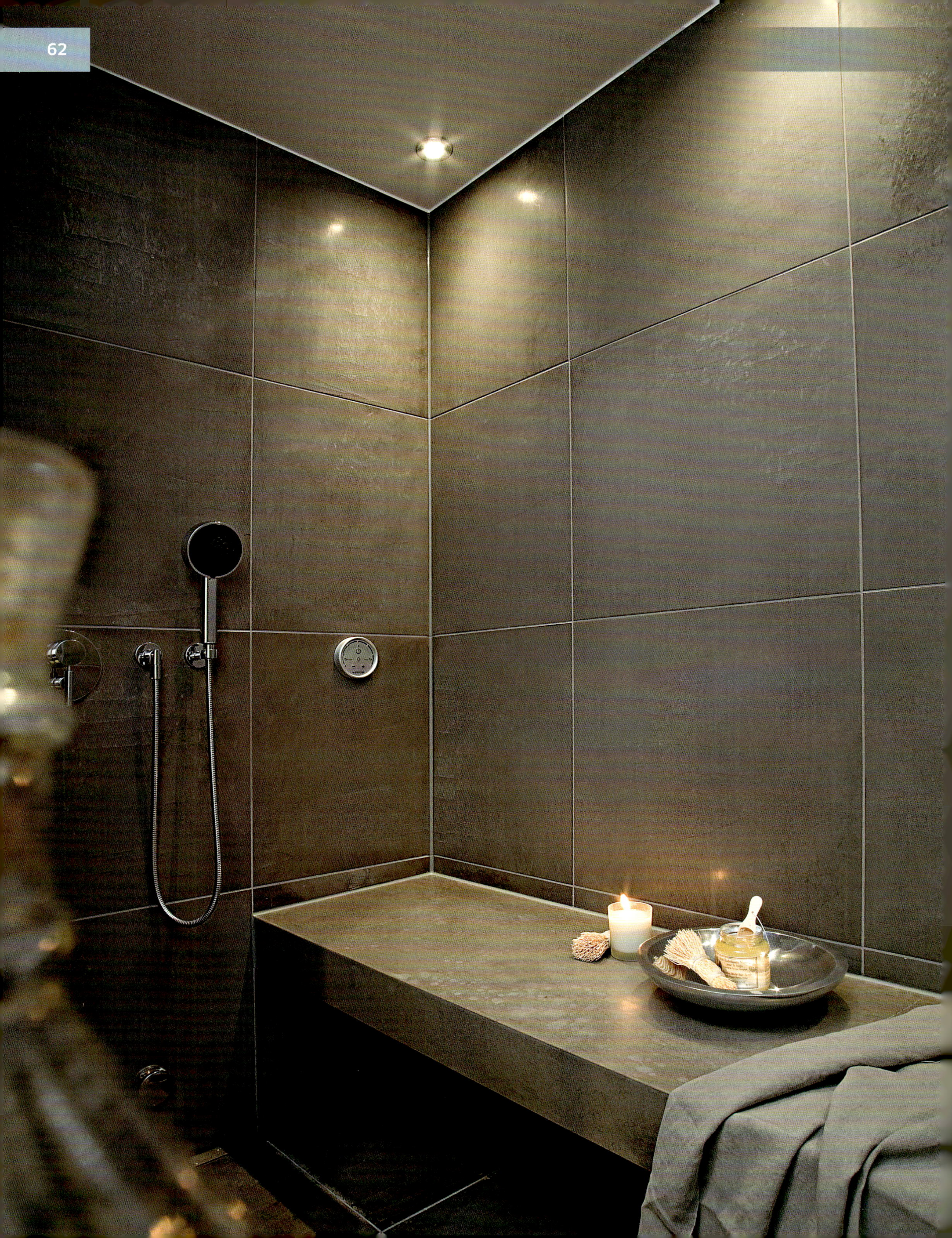

Gelungene Sanierung mit Klimawechsel

Aus einem Bad und einer finnischen Sauna, die kaum noch benutzt wurde, entstand ein wohltemperiertes Ensemble aus Vollbad mit Dampfdusche. Durch viel Feingefühl verschaffte der Badplaner so dem Bad neue Attraktivität.

Alles hat seine Zeit. Und die Zeit der regelmäßigen Aufenthalte in ihrer finnischen Sauna war für diese Badbesitzer vorbei. Zu belastend empfanden sie mittlerweile die trocken-heißen Schwitzbäder. Die Holzkabine stiftete auch ästhetisch kein Vergnügen mehr. Und außerdem war immer deutlicher geworden, dass der Nutzen einer Saunakabine sich in der Regel eben auch nur auf diese prophylaktisch wirksame Therapieform beschränkte. Zu selten in Anspruch genommen, war der Platz schlichtweg verschenkt, weil er zu nichts anderem genutzt werden konnte. Dies war umso bedauerlicher, da in dem schlauchartigen Bad kein Platz im Übermaß vorhanden war. Das sollte sich in den Augen der Besitzer ändern. Auch gestalterisch sollte ein neuer Wurf gewagt werden, und im beauftragten Badplanungsstudio fand man einen verständnisvollen und kompetenten Partner.

Naturtöne plus viel Stauraum, ein wohnliches Raumgefühl bei moderner Optik, so lauteten die Wünsche der Bauherren. Die Badplaner addierten eine umsichtige Gliederung der Flächen zum neuen Badentwurf, was ein Schlüssel zum Wohlfühlen ist. Der kleinere Raum,

‹ Dampfbad und Dusche – alles in einem Raum, der mit seinem dunklen, urwüchsigen Stein eine starke, natürliche Ausstrahlung hat.

∧ Der Doppelwaschtisch bietet viel Platz, ebenso die Wanne, die in eine praktische Ablage mündet. Streiflicht auf der Wand gibt Stimmungslicht.

der Wannenverkleidung bemisst, bindet den Raum zusammen. Sie setzt sich im selben Bodenbelag fort, mit Platten im XL-Format großzügig gestaltet, der schließlich auch die Dampfdusche auskleidet.

Die mit einer Glaspendeltür abgeteilte Dampfdusche wartet mit einer gemauerten Sitzbank auf, was für längere Aufenthalte ein willkommenes Extra ist, zumal man sich im Dampfbad auch gern auf der Bank ausstreckt und die sanft wirkende Wärme in aller Ruhe auf sich wirken lassen kann. Der Dampf löst die Atemwege, die noch erträgliche Hitze wirkt wie ein Reizklima, das Kreislauf und Stoffwechsel anregt. Schade eigentlich, dass der Dampf so spät (wieder) Einzug in unsere nordeuropäischen Bäder gefunden hat.

< Die große Spiegelfläche über dem Doppelwaschtisch beherbergt einen integrierten TV-Bildschirm. Ist er ausgeschaltet, verspiegelt sich die Oberfläche wieder.

früher die Sauna, wird mit seinen 4,5 Quadratmetern jenseits eines offenen Durchgangs wie ein extra Bad im Badezimmer behandelt. Hier nimmt die Dampfdusche nun zwei Drittel der Fläche ein. Davor ist ein kleiner Vorplatz, wo auch noch Handtuchablage und etwas Stauraum organisiert werden konnten. Diese dezente Trennung drängt die Dampfdusche nicht in den Vordergrund, lässt das übrige Bad mit seinem Doppelwaschtisch und der Wanne in Ruhe wirken. Ein optisch prägnantes Element der Planung, die dem Gesamteindruck Bad eine geradlinige Architektur und ruhige Geometrie verleiht, ist auch die Flächeneinteilung auf der Wand: die weitgehend frei gehaltenen Flächen sind strukturiert mit einer beleuchteten Ablagenische und einem Streifen Putzwand darüber, der sich in einem ebenso breiten Streifen darunter wiederholt und schließlich im Sockelbereich von einem Band dunklen Marmors in derselben Breite abschließend ergänzt wird. Diese bodennahe Bordüre, deren Höhe sich nach

„Der Raum sollte insgesamt attraktiver werden und mehr Lust auf Bad machen."

^ Accessoires, abgestimmt auf die Naturtöne im Bad: Die Wannenbrücke schmeichelt mit Holzlamellen, die kleinen Gefäße im Asia-Look veredeln jeden Inhalt.

v In der Dampfbad-Dusche ist die gemauerte Sitzbank wohltuende Ausstattung und zugleich Ablage für Saunabedarf und Pflegemittel.

∧ Die Nische verläuft über die gesamte Wandbreite und bietet eine ungeahnte Präsentationsfläche für dekorative Schmuckstücke.

Grundriss Maßstab 1:75

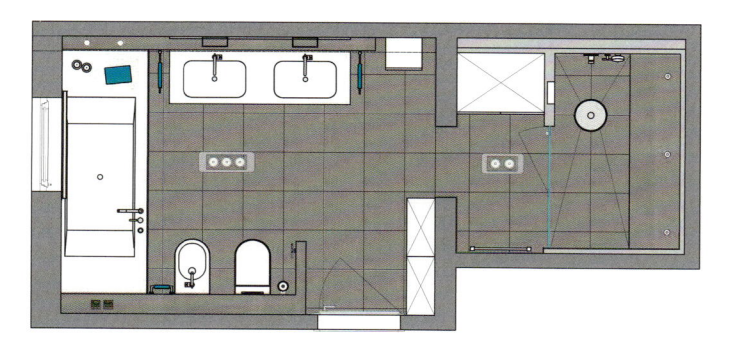

Waschtisch und Wanne: Box
Armaturen: Dornbracht
WC, Bidet: Duravit
Naturstein Bodenbelag: Piba Marmi
Beleuchtung: Bernd Beisse
Heizkörper: Tubes
Dampfduschetechnik: Effegibi
Kosten: ca. 89.000 Euro

Ein Elternbad wird wach geküsst

Das Bad stammte aus den erdfarbenen 70er-Jahren und präsentiert sich nach der Sanierung klar und transparent, mit großzügigen Flächen und zeitgemäßem Komfort.

Der Komplettumbau von Bädern aus den 70er-Jahren findet derzeit allerorts statt: Das kleinteilige Fliesenbild in erdigen Farben ist „out", Keramik und Möbel sind fragmentarisch über viele Stellen des Raums verteilt, es fehlt an klaren Linien und natürlich auch am heute gewohnten Komfort. Das reicht von der bodengleichen Dusche über die geräumige Wanne für zwei bis zum Duschsystem mit Hand- und Regenbrause. Diesen Wechsel vom muffigen Vorher zum frischen, lichten Nachher wünschten sich auch diese Bauherren für das Obergeschoss ihres Einfamilienhauses. Das Badstudio übernahm Planung und Durchführung und achtete dabei sehr auf die gewünschte Großzügigkeit.

Das Bad grenzt an das Elternschlafzimmer und wurde auch in der Bestandssituation von hier erschlossen. Dieses Refugium für die Eltern sollte auf jeden Fall gewahrt bleiben, denn eine separate Rückzugszone ist innerhalb einer mehrköpfigen Familie eine Wohltat. Zwischen dem Elternbad und dem Kinderzimmer vis-à-vis lag vorher ein zweites, kleines Duschbad für die Kinder, das in die Sanierung einbezogen wurde, aber seine Eigenständigkeit behielt. Was die Planer augenfällig änderten, ist die Situation, wie die Eltern „ihr Bad" beim Betreten wahrnehmen und spontan nutzen können. Die Wanne steht nicht mehr an der Innenwand, sondern fast in der Mitte des 15 Quadratmeter

v Der Wannenblock mit dem halbhohen Raumteiler bildet das Zentrum, der Waschplatz liegt hinten, in der hellen Ecke am Fenster.

> Hinter dem gefliesten Ensemble aus Wanne und Dusche, abgesetzt mit grauen Fliesen im Großformat, befindet sich der WC-Bereich.

67

großen Raums, sodass man bei geöffneter Tür zwischen Bad und Schlafzimmer miteinander kommunizieren kann. Die geräumige Wanne ist auch für zwei Personen bequem.

Schnell duschen – und dann ins Bett. Die Verbindung zwischen Bad und Schlafen ist im neuen Badkonzept augenfällig, denn der bodengleiche Duschbereich öffnet sich einladend in Richtung Schlafzimmer. Die Dusche liegt neben einem Raumteiler zur Wanne, und eine Glasscheibe über diesem halbhohen Sockel lässt Tageslicht von der breiten Fensterfront bis unter die Brause fallen. Zugleich bietet dieser „Blick über den Zaun" auch eine optische Verbindung zum Rest des Bads und dem Waschplatz. Der ist in der gegenüberliegenden Ecke am Fenster angeordnet und lockt zu einem Blick in den Garten. Durch eine Terrassentür kann man hinaustreten.

Alternative: Man nehme auf der gemauerten Bank in der Dusche Platz und lasse sich beregnen – ein entspannendes Vergnügen, das immer populärer wird und dank innovativer Duschsysteme auch mit einfachem Installationsaufwand zu bewerkstelligen ist: Regen- und Handbrause hängen samt Thermostat und Armaturen an einem Rohr in Aufputzmontage.

Der großzügige Eindruck des Badezimmers wird durch die XL-Größe der Fliesen, 90 x 90 cm am Boden und 60 x 120 cm für die Wand, und durch ihre Verarbeitung mit nur minimalen Fugen unterstrichen. Sie verwandeln den Raumeindruck nachhaltig. ♦

< Das Waschbecken ist besonders geräumig und tief: Sonderanfertigung aus Mineralwerkstoff.

> Am Ende der offenen Dusche ist ein Sitzplatz, wo man den Regen aus der Kopfbrause genießen kann.

„Alles ist so viel luftiger geworden, und die Dusche mit Sitzbank ist eine Wohltat."

Wanne: Bette
Waschtischplatte: Sonderanfertigung
Waschplatzmöbel (Auszüge): Alape
Armaturen: Grohe
Duschsystem: Hansgrohe
Fliesen: Mosa
Kosten: keine Angabe

> Die Fliesen im Rechteckformat, waagerecht verlegt, changieren zwischen Beton- und Steinanmutung. Dieselbe Fliesenserie ist auch am Boden eingesetzt.

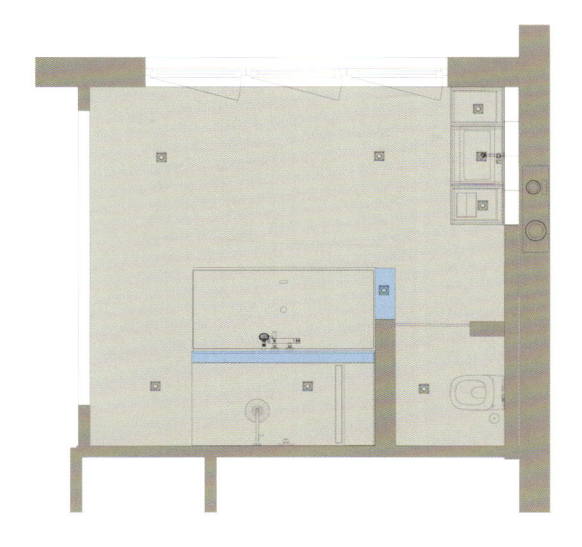

Grundriss **Maßstab 1:75**

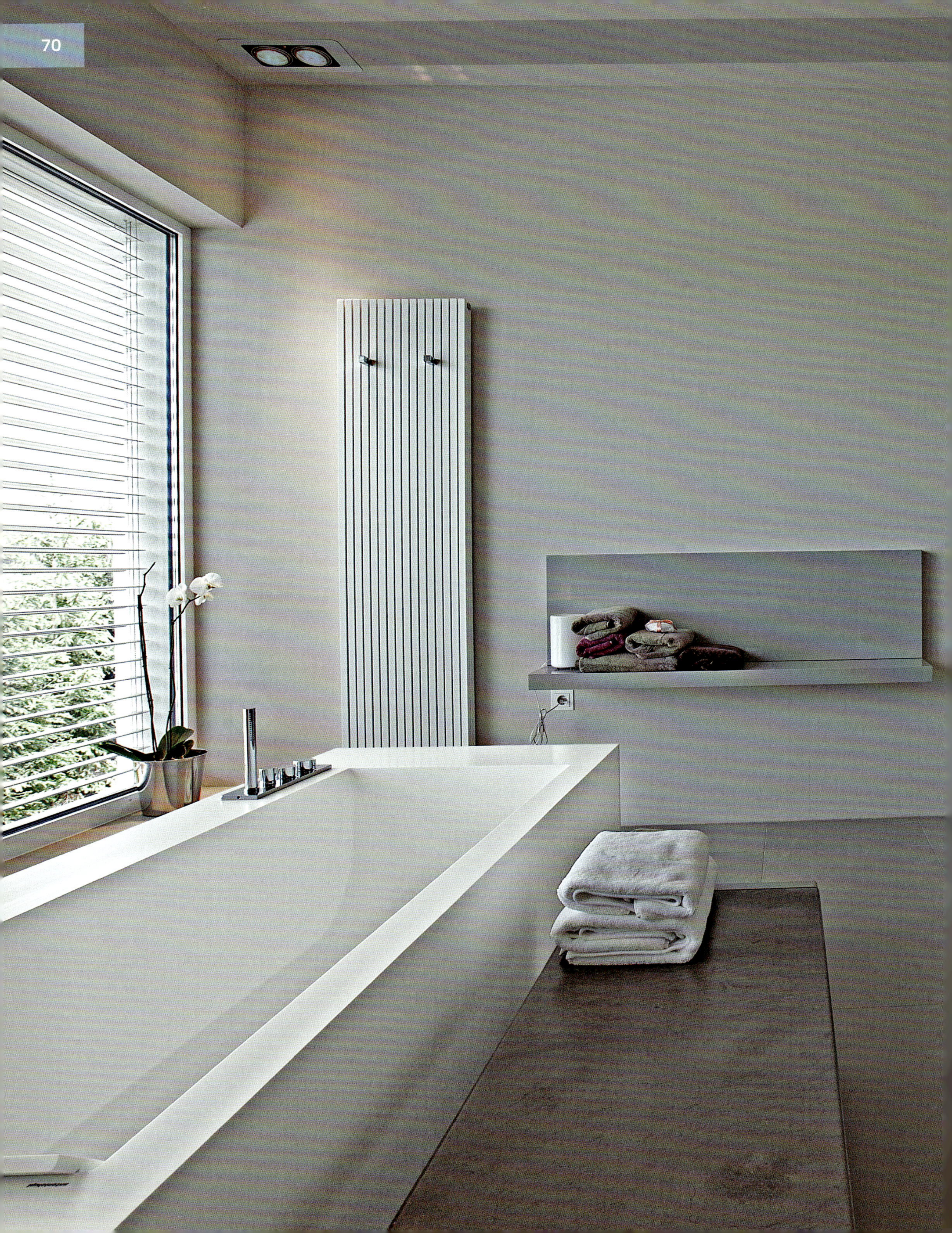

Das Bad der Jahreszeiten

Seine Hanglage mit Blick nutzt dieses Bad effektvoll: durch große Fenster, gern auch aus der Wanne heraus. Ein Neubaubad mit viel Luft zum Atmen und Genießen.

Da hatten sich zwei gefunden: die Planerin und ihre Bauherrin. „Es war fast so, als würde ich mein eigenes Haus einrichten", erinnert sich die Badplanerin aus der Bäderwerkstatt, so sehr lagen Auftraggeberin und Badplanerin bereits nach kürzester Zeit auf einer Wellenlänge. Bewegungsspielraum, einen ruhigen und modernen Stil und nicht zuletzt viel Stauraum wünschte sich die Dame des Hauses. Eine bodengleiche Dusche war selbstverständlich – und der prominenteste Platz im Raum war für die Wanne vorgesehen. Aus dem großzügigen Modell aus warm wirkendem Mineralwerkstoff kann die Kundin nun in die Landschaft blicken (der Herr des Hauses hat sein eigenes Bad und bevorzugt die Dusche), den Wechsel der Jahreszeiten zu verschiedenen Tageszeiten verfolgen, zum Abend Kerzen auf der lackierten Konsole anzünden, die Einbaustrahler an der 3 Meter hohen Decke dimmen. Das eine oder andere Buch und ein paar Accessoires haben in den Ablagenischen des Wannenkorpus Platz – sozusagen in Griffnähe.

Die Wanne, um die man herumgehen kann und die zu jeder Seite eine gute Figur macht, ist damit weniger Badobjekt als Möbel. Das gilt auch für die Ablagekonsole, die Bank und das Stauraummöbel am Waschplatz.

< Die geradlinige Wanne steht vor dem Panoramafenster, ergänzt um eine Bank. Wandablage und Heizkörper nehmen die klare Formensprache auf.

∧ Bodengleiche Dusche mit minimalistischer Duschabtrennung, modernes Design kennzeichnet auch WC und Bidet.

∧ Der Sitzplatz an der Wanne kommt der Kommunikation im Bad sehr entgegen. Der Waschplatz: aufgeräumt, frei, Stauraum ist in ein Lowboard verbannt.

Mit ihren dezent eleganten Oberflächen könnten diese Stücke auch anderswo im Wohnbereich ihren Platz finden. Damit bestätigt der Entwurf den Trend, dass Wohnen und Bad, Schlafbereich und Wellness nicht mehr strikt getrennt und auf den ersten Blick erkennbar verschieden sind. Qualität und Anmutung, die im Wohnen erwartet werden, wollen die Bauherren auch im Wohlfühlbad/Relaxbereich nicht mehr missen.

Das Einrichtungskonzept wahrt den angestrebten minimalistischen Charakter des Raums: Geradlinig angeordneter Stauraum unter dem 2 Meter breiten Waschtisch bietet in Schüben eine Menge Unterbringungsmöglichkeiten, weitere kommen in den beiden Wandschränken über dem WC und Bidet hinzu. Die Schränke sind 1 Meter hoch und relativ flach – ein seltenes Maß, das die Badspezialistin zum Glück beim selben Hersteller wie die Wanne fand. Die bereits erwähnte Konsole bietet eine sparsame Präsentationsfläche für ein paar Lieblingsstücke.

Geradlinig und auf das Notwendigste reduziert präsentiert sich auch die Dusche: Die Planerin verzichtete auf eine Pendeltür und hielt den Zugang zum 1,5 Quadratmeter großen Duschbereich offen. Es bestätigte sich, dass schon ein schmaler Glaswinkel reicht, um etwaiges Spritzwasser vom Bad fernzuhalten. Dekorative Fingerübung: die zur Flurtür gerichtete Glasabtrennung trägt drei poetische Zitate (*), in Glas geätzt, unter anderem aus „Der Sturm" von Shakespeare: „Wir sind aus solchem Stoff wie Träume sind." Bei so viel Poesie fliegen die Gedanken – nicht zuletzt unter der kräftigen Kopfbrause, die in unterschiedlichen Strahlarten herabprasselt. ◆

(*) „Wir sind aus solchem Stoff wie Träume sind, und unser kleines Leben ist von einem Schlaf umringt", aus: Der Sturm, 4. Akt, 1. Szene / Prospero, William Shakespeare, sowie zwei weitere Zitate: "Die Erde hat Musik für die, die hören" und "Wir sitzen im goldenen Käfig". In der italienischen Übersetzung, da die Abtrennung aus dem Programm von Antonio Lupi aus Italien stammt.

⌃ Viel Bewegungsspielraum und keine Stolperfallen, das wünschte sich die Bauherrin. Die frei zugängliche Dusche ist eine Antwort darauf.

**Waschtischanlage, Wanne
mit Wannenmischbatterie, Winkelkonsole,
Wandschränke, Duschabtrennung:** Antonio Lupi
Waschtischarmaturen, Kopfbrause: Dornbracht
Lichtspiegel: Keuco
Einbaustrahler: Bernd Beisse
Badheizkörper: Vasco
Naturstein (Limestone): Piba Marmi
WC, Bidet: Duravit
Spülbetätigung: Viega
Bodenbelag: Feinsteinzeugfliesen
Lichtplanung: Bernd Beisse
Kosten: keine Angabe

Grundriss Maßstab 1:75

„Ich kann in der Wanne liegend den Wechsel der Jahreszeiten genießen – wunderschön."

Kraftvoller Stein, warmes Holz

Naturverbundenheit und moderne, geradlinige Architektur gehen mit technischem Komfort eine erstklassige Verbindung ein. Das zeichnet dieses Bad aus.

Ein ehemaliger Pferdehof streift mit der Generalsanierung seine bäuerliche Geschichte ab und zelebriert Wohnen auf hohem Niveau, topmodern und zugleich mit der Natur verbunden. Diese Wunschvorstellung der Bauherren aus der Schweiz nahmen die Badplaner mit einem facettenreichen Wohnbad auf, das stark auf dominante Materialien der Region setzt: ausdrucksstarker Naturstein und wärmendes Holz. Vor allem der Valser Quarzit mit sichtbaren Kalkablagerungen ist ein optisches Highlight, da Maserung und spaltraue Oberfläche sowohl Lebendigkeit wie auch angenehme, dem Ort angemessene Rustikalität vermitteln. Das Thema Natürlichkeit setzt sich in den Echtholz-Eichendielen fort, die Bad und Wohnen verbinden. Eiche taucht auch in den Schranktüren und im großflächigen Einbauschrank wieder auf.

Die Badplaner schufen ein Wohnbad-Refugium, das Wellness und Fitnessgedanken Rechnung trägt. Um die Ecke, seitwärts des Zugangs vom Wohnen zum Badbereich, liegt ein Fitnessplatz mit Geräten und was man dort sonst noch braucht. Die Dusche, die man nach dem Training umso lieber aufsucht, bietet entspannende Dampffunktion und – was in einem Bad dieser Klasse schon selbstverständlich ist – vielfältige Brauseanwendungen: Seitenbrausen, Regen- und Schlauchbrause. Auch an therapeutischen Lichtwechsel und einen Sitzplatz zum Genießen wurde gedacht. Die Dusche ist bodengleich, der Ablauf unsichtbar in einer Rinne angeordnet, und Steinriemchen liegen am Boden, was angenehm unter den Füßen und rutschhemmend ist.

˅ Zwischen Schlafbereich und großzügiger Nische für die Badewanne ist der Waschplatz für zwei platziert.

˃ Die Wanne sitzt in einer Art Alkoven, eingekleidet von Valser Quarzit, und genießt stimmungsvolles, indirektes Licht. Der großzügige Rand und die Wandnische bieten viel Ablagefläche.

75

Neben der Dampfdusche, die eine Glastür zum Wohnbad-Schlafbereich hat, liegt die Badewanne wie in einer architektonischen Gebirgshöhle: Valser Quarzit kleidet die Nische für die Wanne aus, die sich damit wie in einem Schaukasten präsentiert, in den man vom Bett aus hineinsehen kann. Charmantes Stimmungslicht tritt aus einer Lichtfuge unter der Nischendecke, die das Wannenbad fast mystisch inszeniert, und beleuchtete Ablagen setzen weitere Punktlichter, Lautsprecher sorgen für Untermalung. Der breite, gemauerte Wannenrand dient auch als zusätzlicher, spontaner Sitzplatz. Diese Einfassung ist ebenfalls mit Valser Quarzit verkleidet. Zusätzlichen Komfort bietet die Kopfbrause mittig über der Wanne – für den abschließenden Frischekick nach dem Entspannungsbad.

Die Raummitte wird vom Waschplatz geprägt, der mit seiner homogenen Oberfläche und den flächigen Auszügen im Korpus sehr elegant wirkt. Die Becken sind harmonisch in die Platte eingearbeitet, darauf präsentieren sich die opulenten Armaturen in ihrem puristischen Design mit separaten Bedienelementen. Diese sind seitwärts vom jeweiligen Becken angeordnet (und nicht hinten): einmal rechts für den Rechtshänder und am zweiten Becken linkerhand – ein praktischer Gestaltungskniff. Über dem Doppelwaschtisch schwebt ein abgehängter Spiegel mit Licht.

∧ Blick zum Wohnsalon am Ende des Flurs. Dazwischen liegt rechts noch der Fitnessbereich.

> Links neben der Wannennische liegt die Dusche, auch sie Naturstein verkleidet, am Boden rutschhemmende Riemchen.

Badewanne: Bagno Sasso
Waschtischanlage: Sonderanfertigung
Armaturen: Dornbracht
Hängender Spiegel: Minetti
Dampfkonsole: Hoesch
Naturstein: Valser Quarzit
Holzboden: Eiche Echtholzdielen
Kosten: keine Angabe

„Das Bad sollte topmodern sein, aber zugleich Wärme ausstrahlen."

Grundriss
Maßstab 1:100

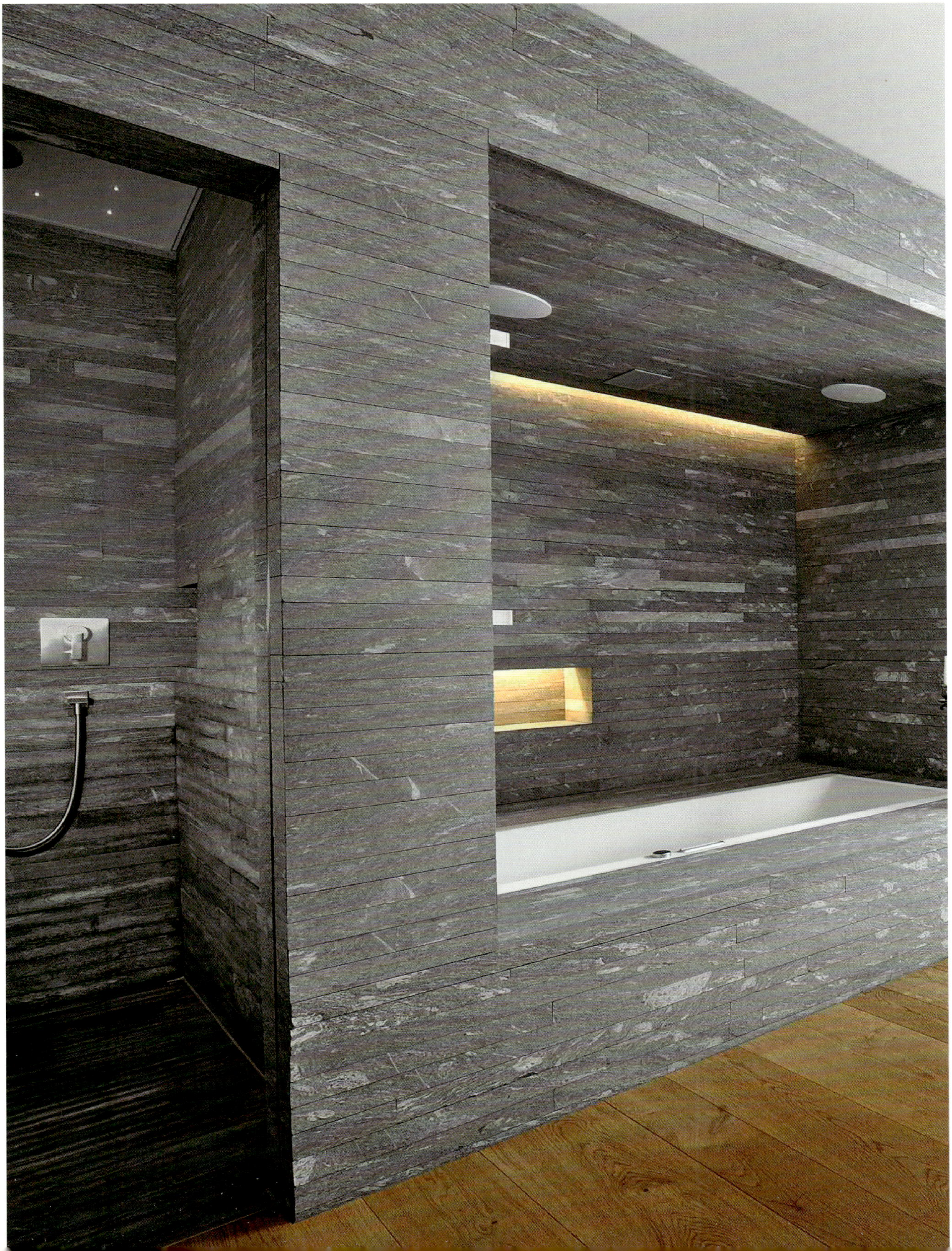

Wannenlust auf hohem Niveau

Eine Modedesignerin wollte ihrem neu erworbenen Loft ein besonderes Flair geben. Zielsicher verband sie auf der offenen Empore Schlafbereich und Badewonnen.

Loftwohnen hat einen besonderen Klang. Frei lässt sich der Grundriss einteilen, neue Zwischendecken oder Podeste bereiten kaum Probleme, der Fantasie sind fast keine Grenzen gesetzt. Aber diese Immobilien sind rar geworden. In einem angesagten Stadtteil wurde eine junge Modedesignerin fündig und konnte mit Unterstützung des ortsansässigen Badstudios ein sehr individuelles Badkonzept in die ehemalige Fabriketage integrieren.

Wanne: Antonio Lupi
Armatur: Devon & Devon
Holzregal: Agape
Schiebetür-Einbauschrank: Ars Nova
Wohnraumkonzept: Vaje-Wohnen, Erfurt
Kosten: keine Angabe

Grundriss Maßstab 1:100

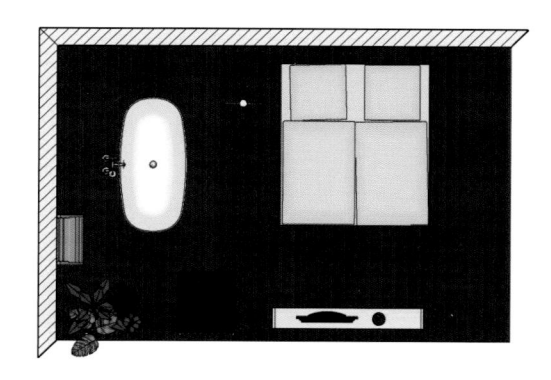

Von Beginn an stand fest: Die Badelust der Bewohnerin sollte auf einem herausgehobenen Platz stattfinden. Der Platz auf der Empore der Wohnhalle verheißt vollkommenes Glück in der Wanne, und zwar zu unterschiedlichen Tageszeiten: Nicht nur liegt er im Licht der großen Fensterfront, die abends durch einen Vorhang geschlossen wird, der Platz profitiert auch vom luftigen Raumvolumen. Und er liegt gleich neben dem Schlaf- und Ankleidebereich. Zwischen Relaxen im Wasser und Zurückziehen ins Bett liegen zwei, drei Schritte. Umgekehrt gilt ebenso: Nach dem Aufstehen ist ein schnelles Abbrausen in der Wanne möglich, wenn die Dusche im Erdgeschossbad gerade besetzt sein sollte. Die kleine, separate Badkammer unter der Empore, ursprünglich als einziges Bad vorgesehen, beherbergt nur noch Waschbecken, Dusche für das schnelle Frischwerden und WC/Bidet.

„Ich liebe es, modernes Design mit nostalgischen Elementen zu verbinden."

Das Loftbad setzt auf Wohnlichkeit. Das Parkett der Empore ist danach ausgesucht, dass es auch nasse Füße nicht krumm nimmt, es wurde entsprechend behandelt. Holz ist keine Hexerei im Nassbereich, wusste die Bauherrin: Über diese Optionen beraten seriöse Holzfachhändler und versierte Badstudios. Das Thema Holz wird mit einem grazilen Regal für Badaccessoires aufgenommen. Unmittelbar neben der Wanne begrüßt ein kuscheliger Fellteppich die nackten Füße. Eine gezielt ausgesuchte, traditionelle Armatur verbindet Gestern und Heute – was schließlich das Grundthema des Loftwohnens ist.

> Eine nostalgische Wannenarmatur sorgt für spannenden Kontrast zum modernen Wohnstil dieses Lofts mit Empore. Hinter dem Bett liegt ein Einbauschrank mit Schiebepaneelen.

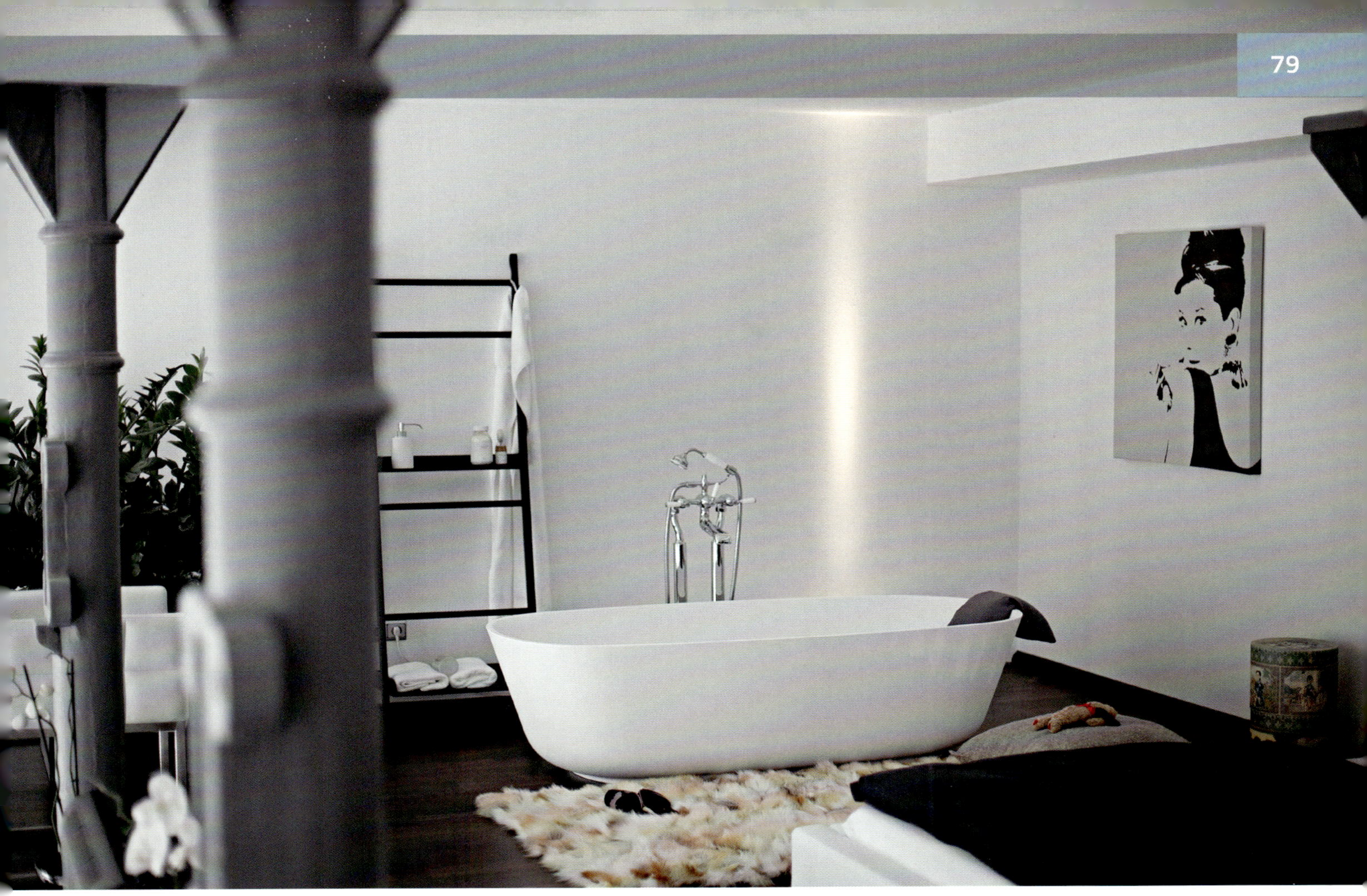

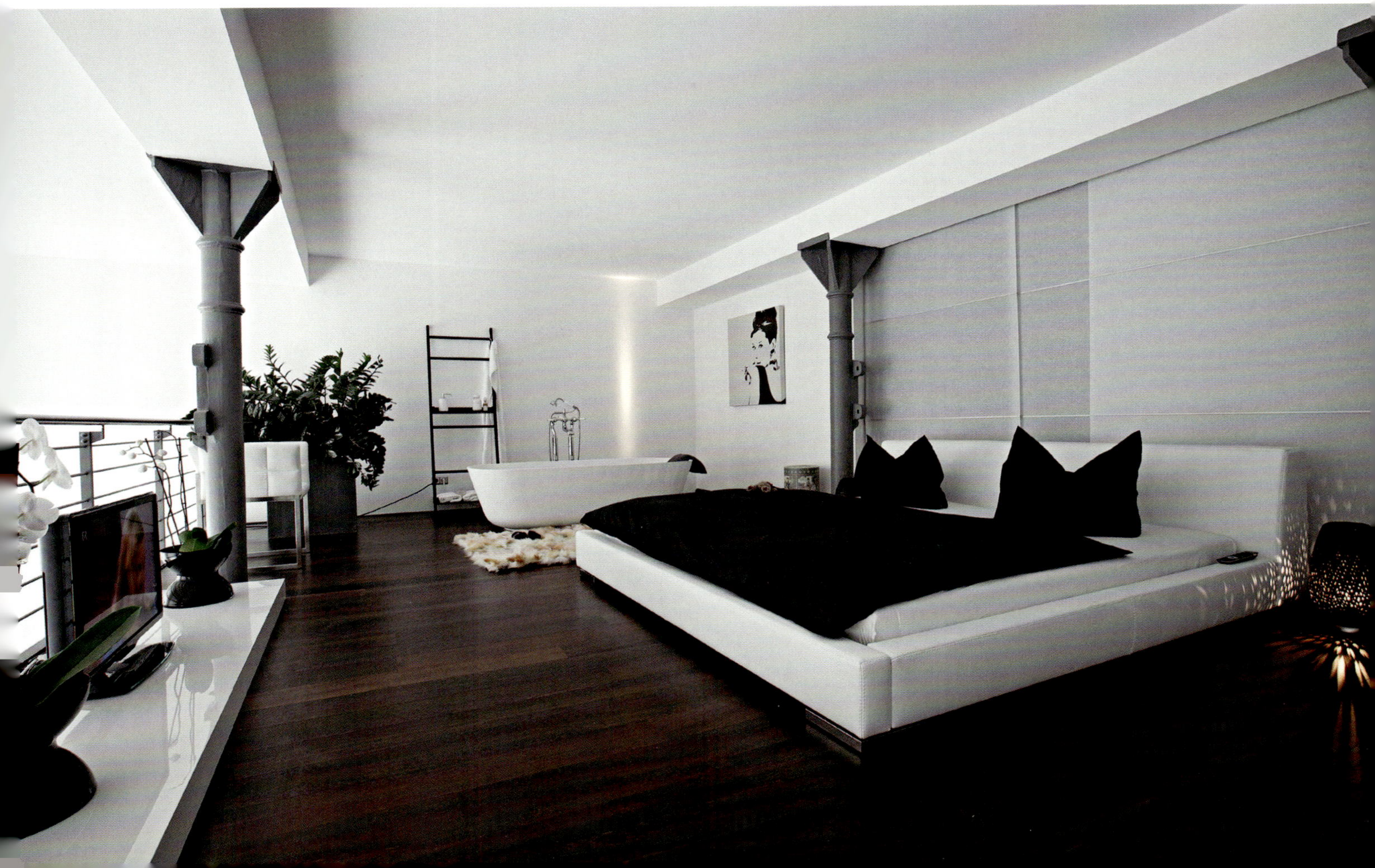

Gesundheit – was man im privaten Bad tun kann

Im Interview: Dr. med. Claudia Hennig, M.Sc., Ärztin für Allgemeinmedizin mit Schwerpunkt Präventionsmedizin, Kaiserbergklinik Duisburg

Gesundheit, fit bleiben, gesunde Ernährung: Diese miteinander verbundenen Themen stehen hoch im Kurs. Trendforscher sprechen bereits davon, dass „Healthstyle" der neue Lifestyle wird. Das private Bad ist dabei ein natürlicher Ausgangspunkt, schließlich dreht sich hier alles um Wasser und Wärme – Grundlagen vieler Therapieformen. Wie kann das Bad uns gesund erhalten?

Wasser ist in wohl allen Kulturen das zentrale Element für körperliche und spirituelle Gesundheit, Reinigung und Regeneration. Das hängt natürlich damit zusammen, dass wir ohne Wasser einfach nicht existieren können und ganz intuitiv Wasser als die wertvollste Ressource überhaupt begreifen. Unterschiedliche Kulturen haben darauf verschiedene Rituale gegründet. In unserer Geschichte war es von den alten Römern bis zum modernen Spa ein weiter Weg, mit ein paar Unterbrechungen zum Beispiel im Mittelalter. Aber man sieht doch eine Kontinuität: Wasser, Wärme und Bewegung, Reiz und Entspannung im Wasser und mit dem Wasser, das sind offensichtlich zeitlos begehrte Formen, wie wir mit diesem Element umgehen.

Wannenbad und Duschbad – das ist für viele eine emotionale Entscheidung. Warum eigentlich?

Das Wannenbad hat viele Aspekte, die vielleicht auf den ersten Blick manchem Badbesitzer gar nicht bewusst sind. Die Tatsache, dass wir uns im Wasser leichter und im Wortsinn unbeschwerter fühlen, löst wie selbstverständlich Spannungen. Mit der Andeutung von Schwerelosigkeit setzt auch eine tiefe mentale Veränderung ein. Studien, die sich mit dem Baden beschäftigt haben, legen den Schluss nahe, dass wir im Wannenbad eine gewisse Traumverfassung erreichen, Körpergrenzen scheinen sich aufzulösen, wir entspannen intensiv – immer vorausgesetzt, wir lassen uns dafür genügend Zeit. Für andere Menschen ist dieser mentale Übergang allerdings negativ besetzt. Das gilt für Personen, die eher bewusst aktiv und präsent bleiben wollen. Für die ist eben die Wanne kein verträumter Ort. Das muss man so akzeptieren. Für alle anderen gilt: Das Wannenbad, etwa angereichert um ätherische Öle oder Heilkräuterzusätze, bietet vielfältige Therapieformen zur Prophylaxe bzw. Nachsorge.

Wenn kein Platz für die Wanne ist, gibt es andere wirksame Bäder?

Das komplette Eintauchen in die Wanne ist ja nur eine Form – Armbäder sind zum Beispiel äußerst wirksam und lassen sich auch mit wenig Aufwand verwirklichen. Dazu braucht man ein entsprechend breites und flaches Becken: Ein paar Minuten beide Unterarme ins kalte Wasser, das ist der totale Muntermacher, und auch der Kopfschmerz ist weg. Ansteigend warme oder wechselwarme Armbäder sind schnelle Anwendungen gegen Anzeichen von Grippe oder Durchblutungsstörungen.

Wasserguss und wechselwarme Bäder: das Kneipp'sche Metier …

Sebastian Kneipp war nie weg. Er war vielleicht ein wenig in den Hintergrund getreten, aber seine Empfehlungen, seine Therapie sind bewährt und die Wirkungen seit Generationen belegt. Da schadet es nichts, sich auf diese Tradition zu besinnen. Der Schlüssel zu Kneipps Erfolgen ist der Mechanismus von Reiz und

‹ Dr. med. Claudia Hennig

Reaktion. Kaltes Wasser und Wärme, prasselnder Guss und wohlige Entspannung – das stärkt ganz generell die Abwehrkräfte und erholt den ganzen Menschen. Und um diese, neuzeitlich gesagt: Ganzheitlichkeit ging es Kneipp in allen Empfehlungen. Das betraf ja auch Ernährungstipps und den Rat, die innere Haltung auszubalancieren.

Auf den privaten Badbesitzer bezogen: Es gibt mehr als die Handbrause an der Wanne ...

Da hat sich enorm viel getan. Gerade setzen sich Brausesysteme durch, die auf dem Prinzip von Wechselbädern basieren. Nackenbrausen, ob mit Schwallstrahl oder getaktet, Regen von oben, Massagebrausen von der Seite – alle beruhen darauf, mit verschiedenen Strahlarten aktivierende und entspannende Erlebnisse mit fließendem Wasser zu bieten. Wenn das miteinander kombiniert wird, wie es Anbieter komplexer Duschsysteme vorstellen, dann wirkt das vielseitig prophylaktisch. Ob „re-balancing" oder aktivierend – wichtig ist im Bad ja auch immer, dass ein gutes Gefühl zu dem Erlebnis mit Wasser tritt. Denn die innere Entspannung ist die beste Voraussetzung für umfassendes Wohlbefinden.

Anstelle der klassischen Sauna wird die Dampfsauna auch im Privatbad immer beliebter.

Der therapeutische Nutzen des Saunierens liegt im Heiß-Kalt-Wechsel. Man kann das mit einem Training für die Gefäße vergleichen. Das Schwitzen fördert zudem, dass Schadstoffe ausgeschwemmt werden, und das Immunsystem wird durch die radikalen Anpassungsleistungen auf Hitze und kalten Guss gestärkt. Das bietet die klassische Sauna natürlich am stärksten, aber die im Vergleich mildere Dampfsauna ist für viele Menschen weniger belastend. Die Temperatur bleibt deutlich unter den 90 Grad der Finnlandsauna, daher kann man sich etwas entspannter für längere Zeit im Dampf aufhalten. Ätherische Zusätze können bei Atemwegserkrankungen guttun oder das Hautbild verbessern. Wenn die Dampfsauna darüber hinaus Sole verdampft, erinnert sie ja bereits an klassische Kurbäder – nur jetzt eben in den eigenen vier Wänden. Salzwasser wird in der Rheumatherapie eingesetzt, aber auch bei verschiedenen Hauterkrankungen und Stoffwechselstörungen. Und ansonsten bietet die Dampfkabine ja auch noch die ganz normale Funktion einer Dusche.

Mit seinem Bad will man lange glücklich bleiben: Gibt es ein Rezept für das sogenannte Generationenbad?

Gesund sein heißt ja leider nicht in jedem Fall auch: gesund und mobil bleiben. Beim Planen des Badezimmers sollte man Barrieren vermeiden und genügend Abstand zwischen den Objekten lassen, damit eventuell Stützgriffe montiert werden können. Gute Beleuchtung erhöht die Sicherheit und unterstützt damit unser Wohlbefinden – zu denken wäre da auch an bodennahes Orientierungslicht. Leicht erreichbare und einfach zu bedienende Armaturen sind auch ein Stück Vorsorge. Wer mehr investieren kann, wird sich mit WC-Bidet-Kombinationen beschäftigen. Letztlich ist aber auch – ganz banal – der Sitz in der Dusche ein gesundes Stück Badkomfort.

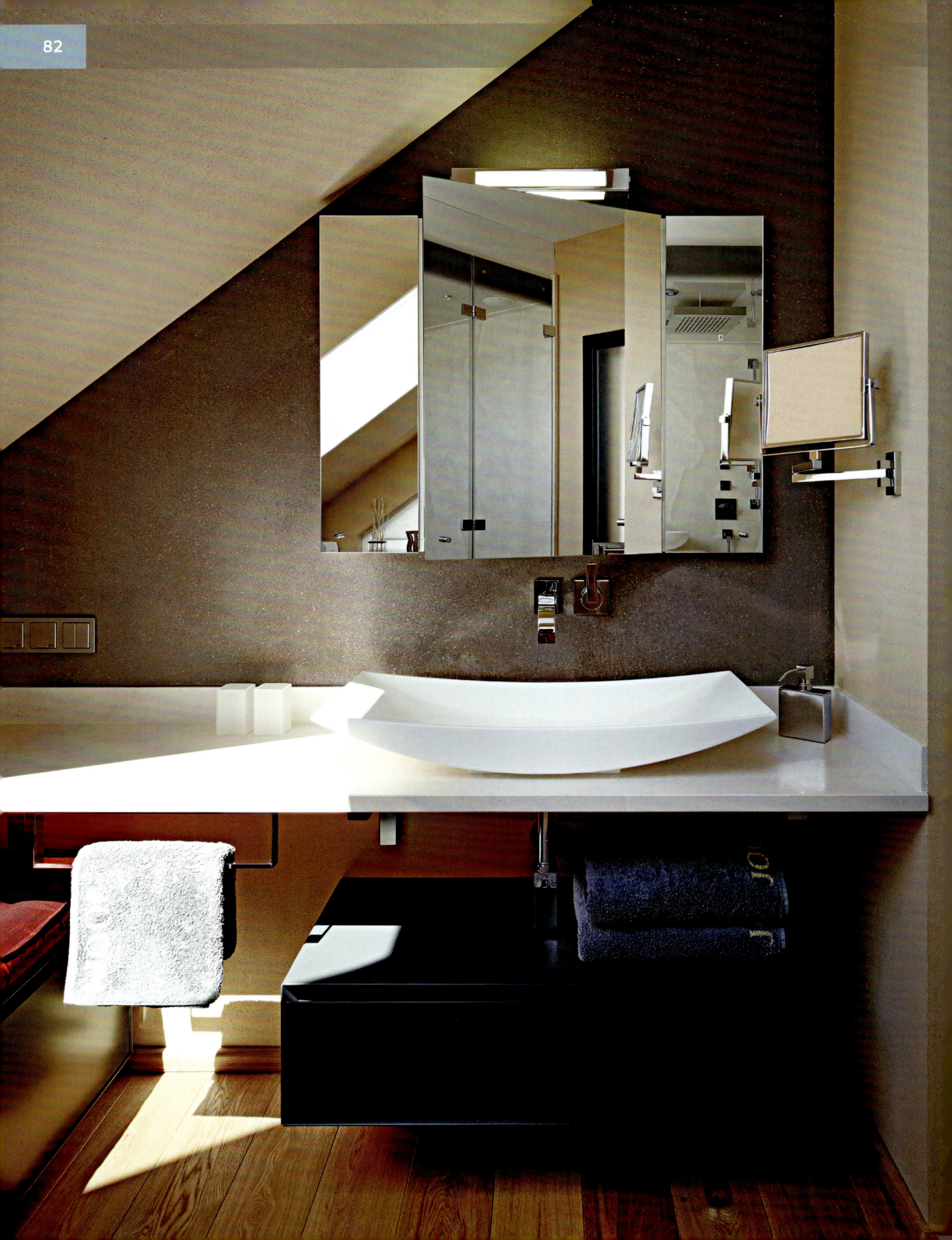

Ein Bad macht Dampf unterm Dach

Ein kleines Bad unter der Schräge wird zum intimen Spa-Bereich für Entspannung und gesundheitliche Vorsorge: mit Dampf, Design und belebenden Akzenten. Ein Badplaner vom Rande des Westerwalds setzte es in die Tat um.

Eine wohltuende Überraschung, was der Badplaner in diesem kleinen Bad unter der Schräge an Spa-Qualität geschaffen hat: Auf nur 6 Quadratmetern und eingeschränkt durch eine flach geneigte Dachschräge konnte ein stimmiges Bild aus Naturmaterialien mit asiatischen Akzenten verwirklicht werden. Dessen Highlight ist die transparente Dampfdusche mit ihrem Brunnen in Feuerrot. Eine aktivierende Akzentfarbe, die im gepolsterten Sitzpodest neben dem Waschtisch wieder auftaucht. An die Vorliebe der Bauherren für asiatische Zitate erinnern das geschwungene Aufsatzwaschbecken und ein paar bewusst platzierte dekorative Dinge, die dem Bad wohnliche Stimmung verleihen – wie die von einer Reise mitgebrachte buddhistische Tempelfigur. Die mag auf ihre Weise ebenso zum ausgleichenden Raumambiente beitragen wie der Flakon mit Duftstäbchen.

Re-balancing und gesundheitliche Vorsorge schaffen seit altersher Dampfbäder, wie sie die maßgefertigte Kabine auf ihrer Fläche von zirka 1,5 Quadratmetern ermöglicht. Der Verdampfer in seiner roten, möbelähnlichen Verkleidung ist mit therapeutischen oder auch einfach nur belebend-wohltuenden Zusätzen zu

◂ Der Waschplatz nutzt den Platz unter der Schräge mit seiner breiten Ablage optimal, ebenso der Spiegel auf Maß.

▴ Das Komplettbad reicht von der Dampfdusche (links) über WC, Bidet und Ablagen bis zum Waschtisch (rechts außerhalb des Bildes).

befüllen. Die Schale auf der Oberseite erinnert an traditionelle Ritualbäder. Die Deckenbrause bietet wahlweise Tropenguss oder aus Sprühnebeldüsen das just gewünschte Wassererlebnis: mal aktivierend, mal beruhigend. Wechselnde Beleuchtung trägt zum Kick-off in den Tag oder zur Entschleunigung am Abend bei.

Trotz beschränkter Fläche gelang dem Badplaner die Organisation diverser Ablagen und Unterbringungsmöglichkeiten. Im unteren Bereich der Schräge setzte der Badspezialist in den freien Hohlraum der Vorwandinstallation (an dieser hängen ansonsten WC und Bidet) offene Ablagen, weiterer Stauraum befindet sich unter der Waschtischplatte aus Naturstein und im Sitzpodest. Auf diesem lädt ein abgestepptes Sitzpolster zum gemütlichen Verweilen ein. Der Spiegelschrank ist in die asymmetrische, durch die Schräge beschnittene Wand als Maßanfertigung eingesetzt und nutzt die knappe Fläche bis zur Schräge optimal.

v Die Dampfdusche ist ein Mini-Spa mit Hand- und Kopfbrause, Sprühnebel, Licht und Lautsprecher.

„Für mich ist Komfort am Waschtisch wichtig. Daher der Spiegel mit Flügeln."

Bewegliche Seitenflügel machen den Spiegel zum idealen Partner für die Schönheitspflege und ermöglichen korrektive Seitenblicke …

In kleinen Bädern ist Transparenz und freundliche, helle Ausstrahlung das A und O. In diesem Bad sorgt die rahmenlose Duschkabine dafür, dass sich der Badbenutzer nicht eingeengt fühlt. Ein sorgfältig ausgeführtes Detail ist der Ausschnitt in der Glasabtrennung im Bereich der beheizten Sitzbank unter der Dusche. Sinnliche, mattbeige Steinplatten geben das warme, naturnahe Flair, das sich die Bauherren gewünscht hatten. Holzdielen und eine raffinierte Wandbearbeitung durch den Malerfachbetrieb, die ein wenig an asiatisches Papier erinnert, tragen ebenfalls zum natürlichen Ambiente bei.

^ Zwischen Waschtisch und Vorwandinstallation in der Schräge war auch noch Platz für eine gepolsterte Sitzbank.

^ Im kleinen Bad ist Platz für ausgesuchtes Armaturendesign.

^ Die Dusche erfrischt auf Wunsch mit einem kräftigen Regenguss oder sanftem Regenschauer von der Decke.

Grundriss Maßstab 1:50

Dampfdusche: Repabad
Waschbecken: Cerasa
Badmöbel: Antonio Lupi
Naturstein: Piba Marmi
Armaturen: Dornbracht
Spiegelschrank: Maßanfertigung
WC, Bidet: Flaminia
Heizkörper: Kermi
Beleuchtung: Decor Walther
Kosten: 65.000 €

Eine streifige Affäre mit Keramik

Das Bad in einem Dachausbau setzt entgegen dem Trend auf dezent dekorative Wandkeramik, inszeniert kunstvoll Licht und denkt auch noch an Unterbringungsmöglichkeiten. Der Badplaner half dabei.

Das Bad sollte einfach etwas anders sein, als die vielen Beispiele in Magazinen und bei Freunden und Bekannten, die gerade neu gebaut oder renoviert hatten: überall Limestone, mindestens Putzwände und wenig Praktisches. Ihr Bad sollte Emotionen zeigen, nahmen sich diese Bauherren vor: Dies am besten in Lichteffekten ausgedrückt, in haptischer Qualität auf jeden Fall und trotz üppiger Stauraumorganisation noch blendend aussehen. Ein Wunsch, dem der Badplaner gern nachkam. So präsentiert sich das Bad im ausgebauten Dachgeschoss in der Tat anders als Zeitgenossen: im spannenden Kontrast aus weichen Rundungen und dezidierten Ecken und Kanten.

Weiche Linie zeigt die Wanne aus Corian, ein stolzes Trumm mit einer sanft geschwungenen Oberkante, die wohl fast jeder erst einmal berühren muss – so handschmeichelnd warm ist das Material und so verlockend sein Design. Ganz anders hingegen wirkt dasselbe Material am Waschtisch: Die präzisen Kanten des Rechteckbeckens mit seiner großzügigen, absolut ebenen Ablage sind Ausdruck einer puristischen Formgebung. In diesem Bad gehen die zwei Gestaltungsprinzipien gut zusammen. Geometrisch und eindeutig

⌄ Flächig, kubistisch, mit stimmungsvollen Details – so präsentiert sich das Bad.

> Die Wandfliesen verblüffen jeden: Fliesen mit feinen Riefen, die das Licht schön auf der Riffelstruktur spielen lassen. Sie passen perfekt zur strengen Geometrie von Becken und Armaturen.

87

∧ Raffinierte Verbindung von Dusche, integriertem Podest und Wannenkubus.

sind die Innenarchitekturelemente, die dem Bad ein verbindendes Band geben: Die weiße Duschfläche aus Mineralwerkstoff schließt an ein Podest aus demselben Material an, das sich unter der Glasabtrennung zur Wanne fortsetzt und schließlich in der tiefen Fensternische zitiert wird. Hier dient das Podest als Stauraum (mit Auszug) und beheizter Sitzplatz. Den Abschluss dieser Folge kubischer, weißer Elemente bildet die Waschtischanlage aus Corian bzw. lackierten Oberflächen. Einen ganz anderen Akzent setzen die Wände, vor denen die Elemente edel zur Geltung kommen: fragmentiertes Streiflicht auf den Feinsteinzeug-Fliesen steht im Kontrast zu der blendend weißen Reflektion auf Möbeln und Objekten. Dieser dekorative Streifenlook prägt den Badeindruck entscheidend.

Bad hat mit Fühlen zu tun, sagten sich die Bauherren, ein Ehepaar mit Kindern, und so wie die mattweiße Wanne zum Berühren einlädt (vom Baden gar nicht zu reden), so faszinieren die gefrästen Fliesen (herstellerseitig bearbeitete Oberfläche von Riefen in unterschiedlichen Abständen) den Betrachter und brechen das Licht reizvoll. Intensiv gefühlte Wassererlebnisse spenden die Schwallbrause an der Wand, die sich die Besitzer zur Nackenmassage wie für einen abschließenden, kalten Guss gewünscht hatten, und ebenso die Kopfbrause an der Decke. Die beleuchtete Nische parallel zur gesamten Länge der Wanne ist eine Ablage für lieb gewordene Accessoires im Bad. ◆

∧ An der Ablagenische längs der Wanne wird besonders deutlich, wie gut das streifige Dekor zum Baddesign passt.

**Waschtisch, Wanne, Stauraum
unter dem Waschtisch:** Antonio Lupi
Armaturen: Dornbracht
WC: Flaminia
Spiegelschrank: Maßanfertigung
Deckenstrahler: Kreon
Fliesen mit horizontaler Fräsung: Brix
Handtuchtrockner: Tubes
Kosten: keine Angabe

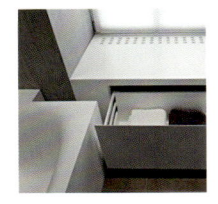

Grundriss Maßstab 1:50

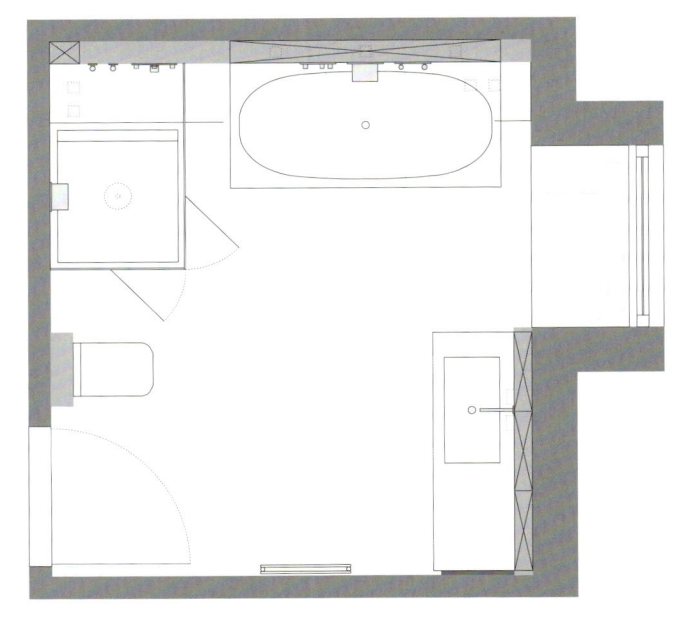

< Im Podest in der Fensternische ist zusätzlicher Stauraum organisiert.

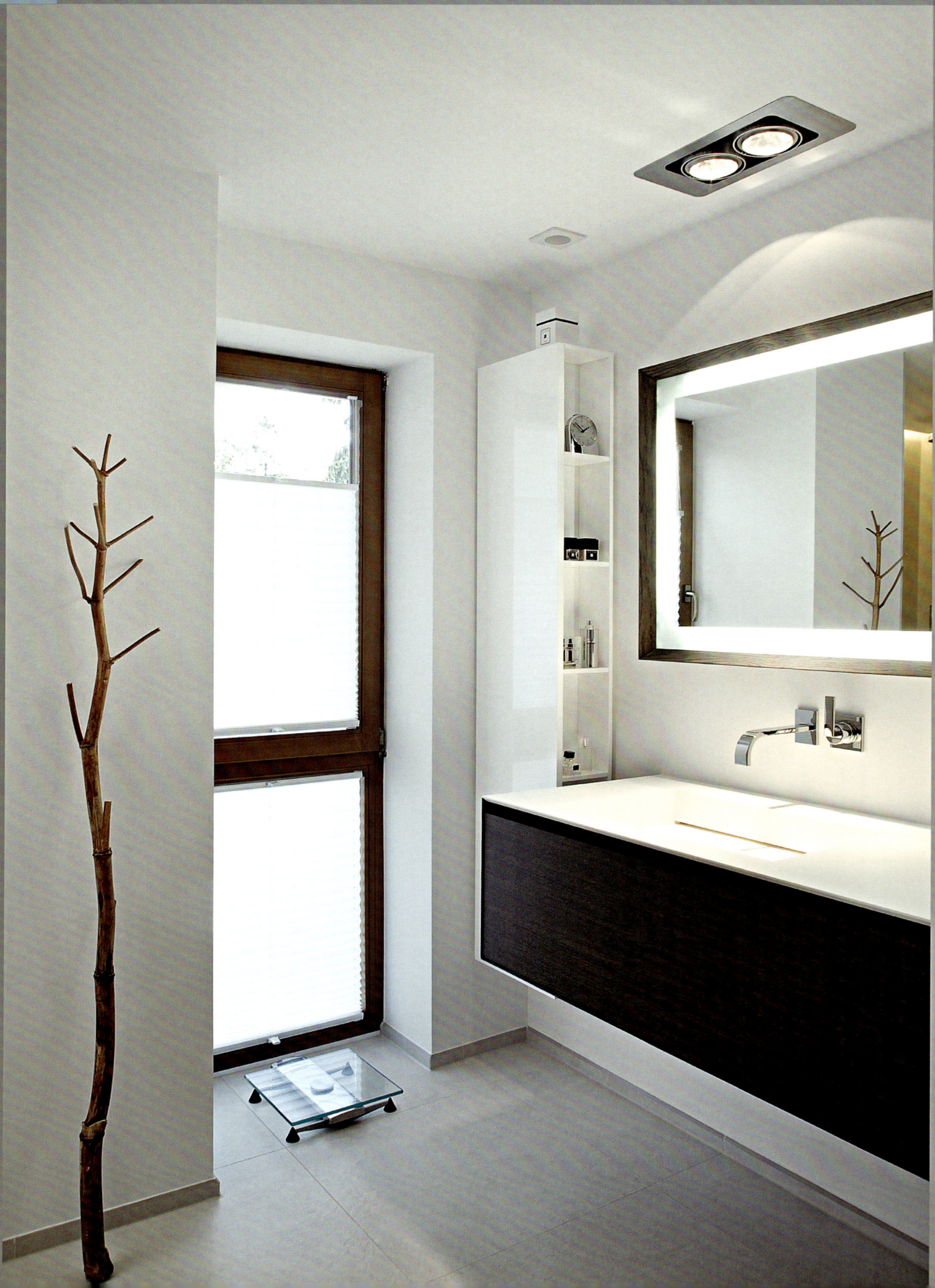

Verbindungen knüpfen

Das ideale Ambiente für ihr geliebtes Wannenbad fand eine Bauherrin erst nach Zusammenlegung zweier Räume. Die Architektur sorgt dafür, dass man nun getrennt baden und duschen und doch kommunizieren kann.

Der Badarchitektur in diesem Beispiel gelingt es, vielfältige Wünsche der Benutzer ans Baderleben mit elementaren Bedürfnissen zu verknüpfen: So soll Rückzug möglich sein, Intimität nach persönlichem Anspruch ebenso, zugleich auch Begegnung, gemeinsames Genießen, und nicht zuletzt Kommunikation im Bad. Die Sinne wollen gereizt werden, der Körper soll sich genau so entspannen können, wie es den persönlichen Vorlieben und gelegentlich auch gesundheitlichen Vorstellungen am besten entspricht. In der idealen Raumrezeptur steckt vieles: das opulente Frischeerlebnis Wasser, eine differenzierte Lichtstimmung, das Ausgleichende und das dezent Überraschende – damit auch der Geist gekitzelt wird.

Für die Bauherrin stand das Baden ganz oben auf der Wunschliste, für das im früheren Bad einfach nicht die richtige Stimmung entstehen wollte. Zugleich sollte das großzügige Duscherlebnis nicht zu kurz kommen. Für beides zusammen war eigentlich kein Platz, und so empfahl das örtliche Badstudio eine Zusammenlegung vom alten Bad mit dem separaten WC, dessen Fläche nun komplett der weiträumig begehbaren Dusche zugeteilt ist. Für die optische Verbindung der ehemals getrennten Räume sorgt nicht nur der offene Zugang

< Charmant: ein Lichtband rund um den Spiegel. Viel Stauraum ist mit klarer Formsprache untergebracht.

˄ Die Wanne mit dem Fenster: eine gestalterische Finesse für Fans. Hier geerdet mit Massivstein als Wandriemchen.

zu der Dusche, sondern auch eine halbhohe Nische in der Innenwand zwischen Wannen- und Duschbereich. Der Ausschnitt bietet zugleich etwas Ablagefläche, die von der Duschseite aus gern genutzt wird.

Eine ähnlich sensible Verbindung besteht zwischen Bad/Dusche und dem Wohnen. Zum einen wurde für Bad und Flur bzw. Ankleide derselbe hellbeige Fliesenboden gewählt, zum anderen ist die Abtrennung – die man wegen etwaiger Besucher in der Wohnung und gelegentlicher Dampfentwicklung beim ausgiebigen Baden und Duschen doch nicht missen möchte – so filigran wie möglich gehalten. Eine Glasschiebetür trennt das Badrefugium mit leichter Hand ab. Sie ist im selben Design gehalten wie die Schiebetüranlage am Einbauschrank der Ankleide.

Das Geheimnis des Bads liegt in der richtigen Balance von Ruhe und Anregung. Die zeitlos sandbeige glasierten Fliesen lassen Boden und Wand verschmelzen, dagegen setzt die „lebendige" Wand aus Bruchsteinriemchen einen markanten Kontrast, an dem man sich kaum sattsehen kann: Bruchstein, unregelmäßig, vielfältig in seinen Formaten, rau wie aus dem Steinbruch. Ein bewusst gesetzter Gegenspieler zu den puristischen Armaturen und dem selbstbewussten Design der Wanne. Das sinnenfrohe Spiel der unterschiedlichen Oberflächen und Erlebnisinseln wird von einem Lichtkonzept unterstützt, das auf Akzentbeleuchtung im Wechsel mit atmosphärischem Hintergrundlicht setzt. Dazu dienen unter anderem Lichtfugen in der abgehängten Decke und bündig eingesetzte Spots.

< Der Schwalleinlauf unterstützt den luxuriösen Charakter der Wanne – und lässt mit seinem breiten, sinnlichen Strahl an einen natürlichen Wasserfall denken.

< Deckenstrahler mit beweglicher Aufhängung lassen sich für stimmungsvolle Streiflichter auf der Wand einsetzen.

> Der Duschbereich ist mit einem teils durchbrochenen Raumteiler optisch wie funktional mit dem Bad verbunden.

„Der ganze Badbereich passt einfach perfekt zu unserem Wohnstil."

Grundriss Maßstab 1:75

Waschtisch, Waschtischunterschrank: Antonio Lupi
Waschtisch- und Duscharmaturen: Dornbracht
Wanneneinlaufarmatur: THG
Wanne, Dusche: Nevobad
WC, Bidet: Flaminia
Boden- und Wandfliesen (glatt): Mutina
Bruchstein für die Wand: über Fachhandel
Deckenstrahler, Einbaustrahler: Bernd Beisse
Glasschiebetürsystem: Rimadesio
Kosten: ca. 69.000 Euro

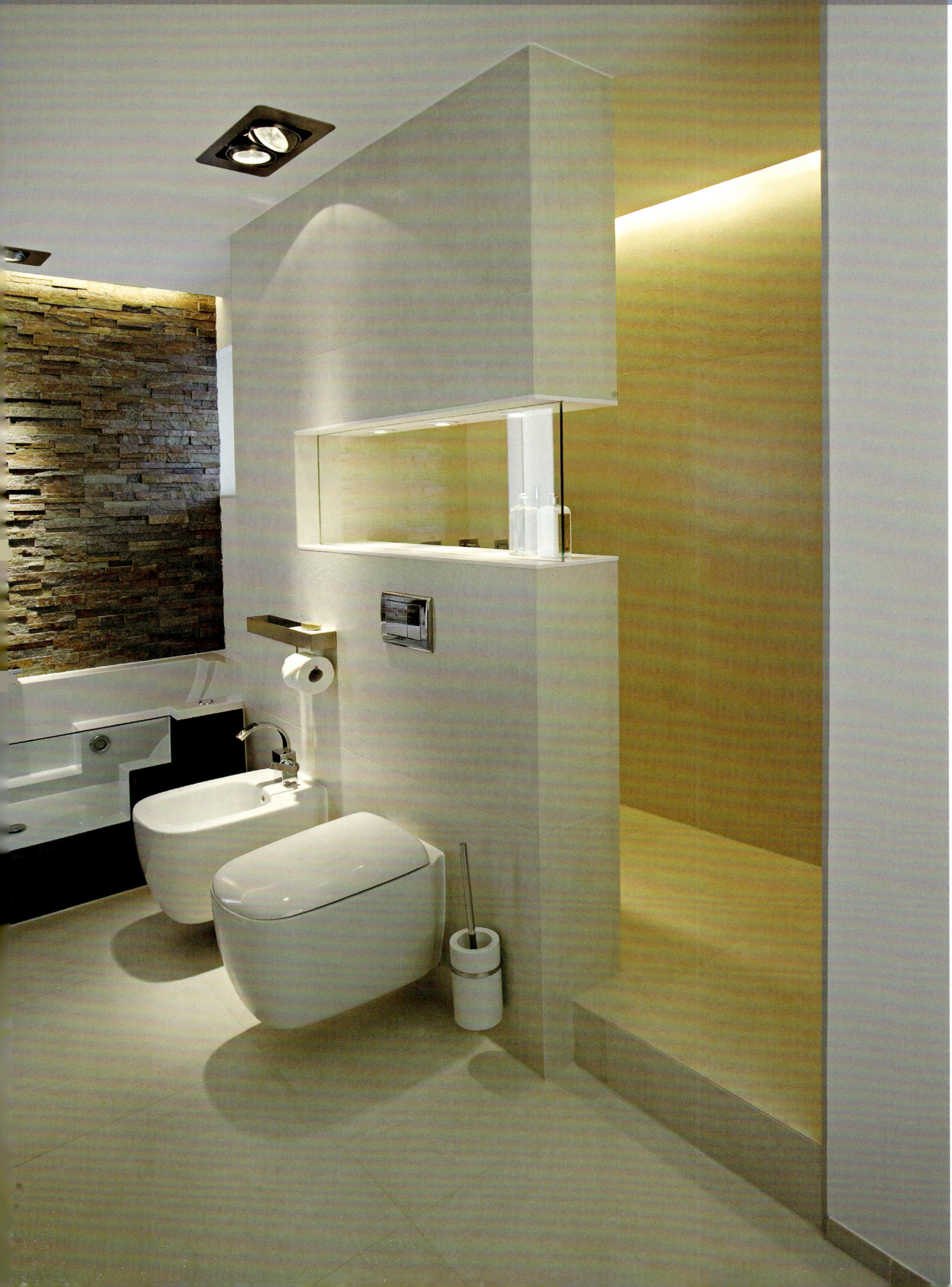

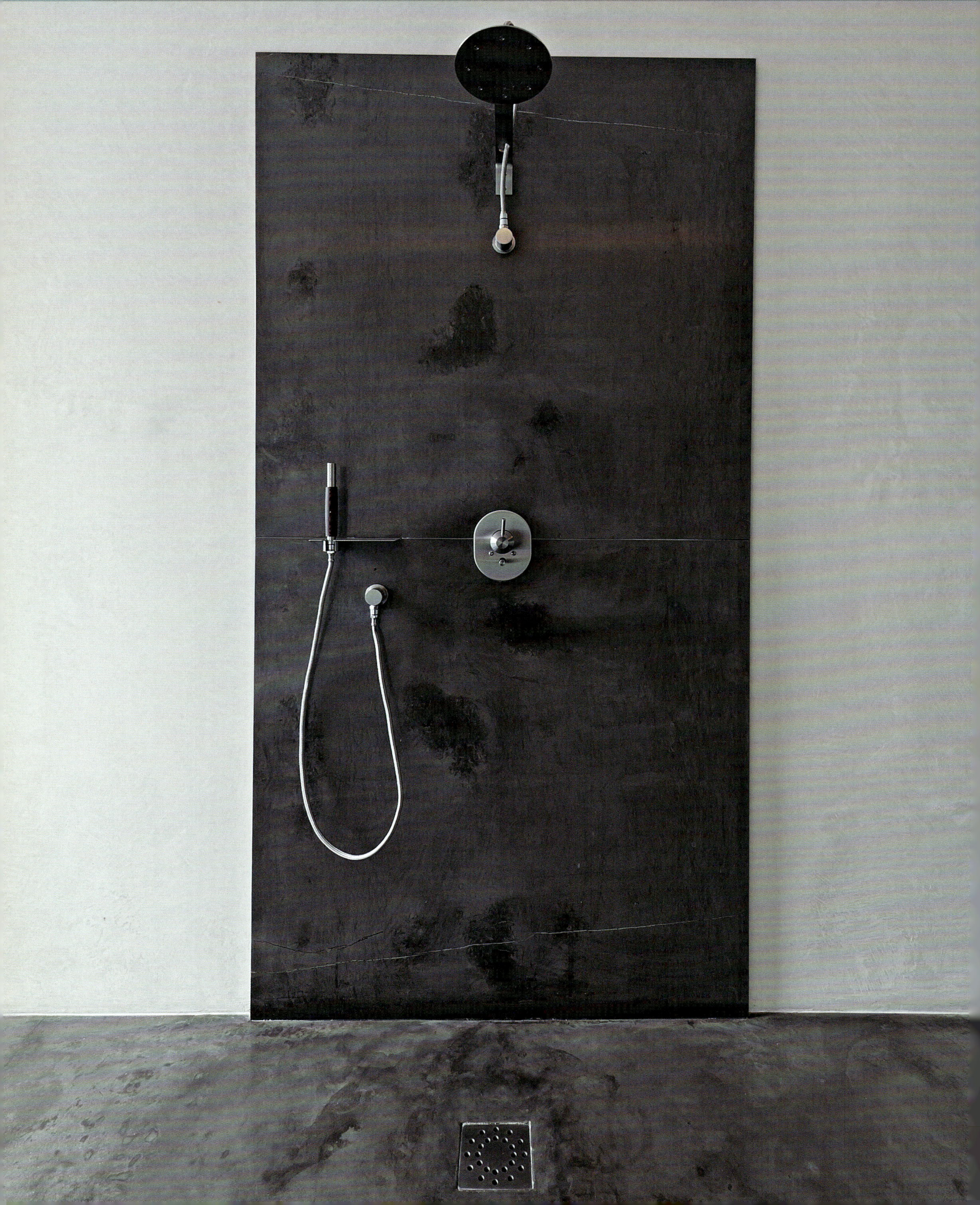

Minimalismus in Weiß und Grau

Reduktion auf den Kern des Bads. Keine Lösung von der Stange, sondern eine Liaison des Besitzers mit dem Minimalismus nahm hier mithilfe eines Badplaners Gestalt an. Mit überraschendem Komfort.

Dieses Bad polarisiert. Mancher Betrachter schüttelt über die „Mönchszelle mit Wasseranschluss" den Kopf; andere tun sich schwer mit der Vorstellung kompletter Transparenz und des Duschens ohne Grenzen. Nicht wenige staunen aber auch über die konsequente Architektur. Die Reduktion auf das Notwendige im Bad, wo fängt es an, wo endet es? Tatsache ist: Das schlauchartig geschnittene Bad bietet mit Wanne plus geräumiger Dusche und breiter Waschtischanlage mehr, als manches größere Bad aufweist. Die Bewegungsfreiheit – es stellen sich keine Möbel in den Weg, keine Abtrennungen – ist einmalig großzügig. Dass die puristischen Wünsche des Bauherrn so perfekt umgesetzt wurden, ist der engen Zusammenarbeit des Bauplaners mit dem Designstudio zu danken, das mit der durchgehend puristischen Umgestaltung des gesamten Hauses beauftragt war.

Minimalismus ist gar nicht so einfach: Wie reduziert man und schafft alles aus dem Blick und wahrt trotzdem die Funktionalität? Erster Schritt des Badplaners: Der lange Raum wird in zwei Bereiche segmentiert.

< Duschen ohne Grenzen lautete das Motto: Spritzwasser lässt sich schließlich abziehen.

∧ Äußerst transparent tritt das Bad auf, das Glas im Fenster lässt sich allerdings auf Knopfdruck satinieren.

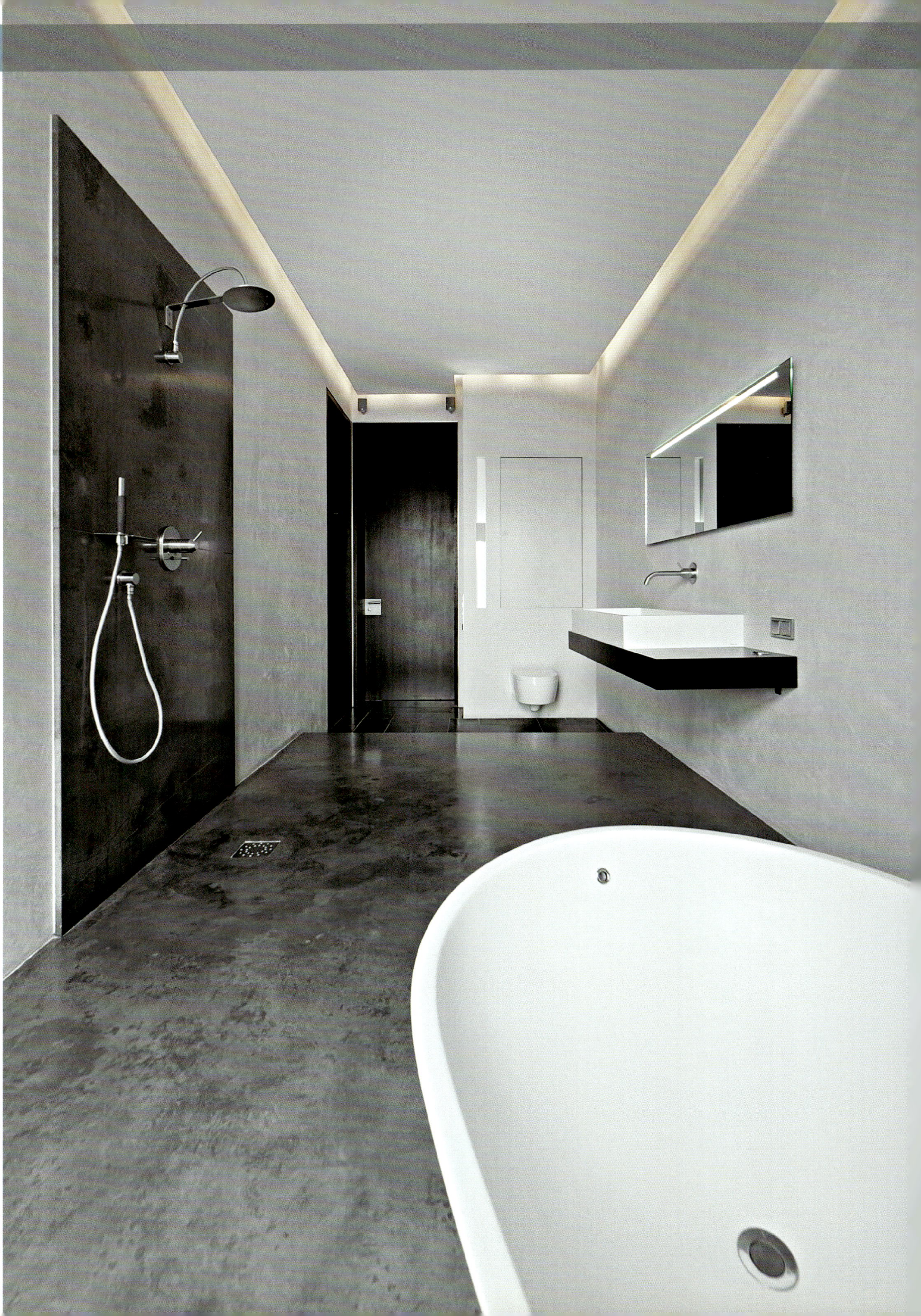

Der zum Fenster liegende Teil ist um eine Stufe auf Podesthöhe angehoben, darunter liegen Abflüsse und Leitungen. So ließ sich der Wannensolitär ganz nach Wunsch schräg vor das Fenster platzieren und der freie Duschbereich bekam seinen Abfluss an der Wand in der Raummitte. Zweiter Schritt für noch mehr Reduktion: Wenn nichts auf der Wand die Flächigkeit stören soll, woher kommt dann das Kunstlicht? Lösung des Planers: aus der umlaufenden Lichtfuge der abgehängten Decke. Warm in der Temperatur, was einen interessanten Kontrast zur Architektur herstellt, und weich gestreut: Linestraröhren in Reihe geschaltet.

Reduktion auf die reine Funktionalität. Das Bad stellt schlichte Fragen und findet ebenso simple Antworten: Woher kommt das Wasser, welchen Zweck soll es erfüllen, wo muss es verweilen und wohin fließt es ab? Rund um die Brause gibt es Spritzwasser – na, und? Der Besitzer rakelt es mit dem Gummiabzieher vom gespachtelten Podest mit Gefälle in den Abfluss. Die Wanne dagegen bietet länger anhaltenden Wassergenuss. Den Platz zwischen Waschtisch, Dusche und Wanne soll man schutzlos vor dem bodentiefen Fenster überqueren – na, und? Auf Knopfdruck lässt sich die Fensterscheibe satinieren: ein technischer Clou. Und was ist mit Stauraum? Erste Antwort: Wer so wohnt, hat wenig wegzupacken, und im Zweifelsfall liegt das Schlafzimmer nebenan. Zweite Antwort: Über dem WC ist ein flächenbündiger Einbauschrank, der mit demselben Mineralputz gespachtelt ist wie die Wand. Ein richtiger Geheimschrank. Überraschend in einem Bad, wo Offenheit das Motto ist. ◊

< Der gespachtelte Boden reflektiert interessant das Licht. Die Lichtfuge lässt die abgehängte Decke schweben.

Grundriss Maßstab 1:75

∧ Einbauschränke – hier über dem WC – machen Möbel im Raum überflüssig.

Waschbecken: Antonio Lupi
Armaturen: Boffi
Wanne: Agape
WC: Flaminia
Spiegel: Minetti
Einbauleuchten über dem WC: Kreon
Designstudio: Creme Caramel
Kosten: keine Angabe

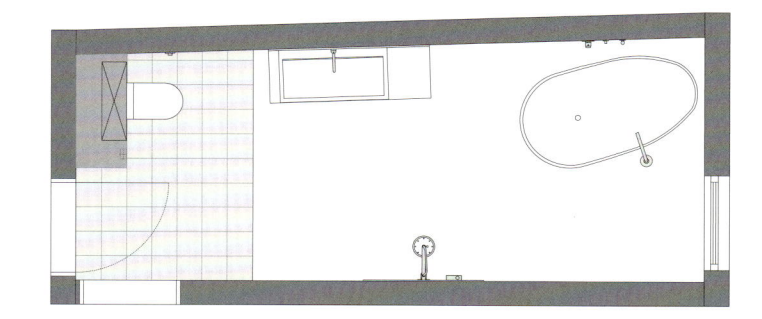

v Fenster mit Clou: auf Knopfdruck verändert eine angelegte Spannung das Klarglas in eine Milchglasscheibe.

Aus zwei mach eins, mach zwei ...

Zusammenlegung von zwei kleinen Bädern zu einer Wellness-Oase: Eine große Chance bei einer Sanierung, die das Badstudio voll ausgespielt hat. Das neue Bad schwelgt in Wärme und feinem Luxus.

Was erst einmal vermengt wurde, das trennt sich später schlecht, sagt die Erfahrung mit Rezepturen, die sich nach der Zubereitung auch nicht mehr in ihre Bestandteile teilen lassen. Ähnlich die Zusammenlegung von Räumen: Wer hier später erneut trennen will, sieht sich harten Fakten gegenüber. Im Falle dieser beiden Badräume, die zu einem großen Komfortbad für eine ganze Familie – Eltern und zwei Kinder – kombiniert wurden, ist dem Badplaner doch das Kunststück einer Art Schwebezustand gelungen. Für die Zeit, die alle Benutzer für angenehm erachten, wird das Doppelbad seine Offenheit behalten. Aber die Option einer erneuten Trennung – wenn die Kinder doch ihr eigenes Bad möchten – wird baulich vorbehalten. Dass das komfortable Ensemble wie auch die einzelnen Teile in sinnlichen Materialien geradezu baden, sind der sensiblen Design- und Materialauswahl zu verdanken.

Der größere Teil des Bads mit einem Doppelwaschtisch wird überwiegend von den Eltern genutzt. Ins Auge fällt die Steinwanne, die mit der organischen Form aus warm wirkendem Kalkstein sinnlich und archaisch wirkt. Herausforderung: 700 Kilogramm mussten über die Fensterbrüstung in 1,5 Meter Höhe gehoben werden. Zum Glück konnte das mit der Fenstersanierung koordiniert werden. Aus der Wanne lässt sich fernsehen: verwirklicht mit einer TV-im-Spiegel-Lösung, bei der der Ton aus denselben Deckeneinbaulautsprechern kommt wie die Musik aus der iPod-Dockingstation.

„So eine Wanne aus Naturstein ist mein absoluter Favorit gewesen. Ich träumte schon lange davon, in dieser Badewanne zu liegen und zu entspannen."

v Das Elternbad hat einen Doppelwaschplatz, rechts führt eine Schiebetür in den Badbereich der Kinder.

> Spiegel über Eck weiten den Raum optisch, in einen Spiegel ist ein TV-Monitor integriert.

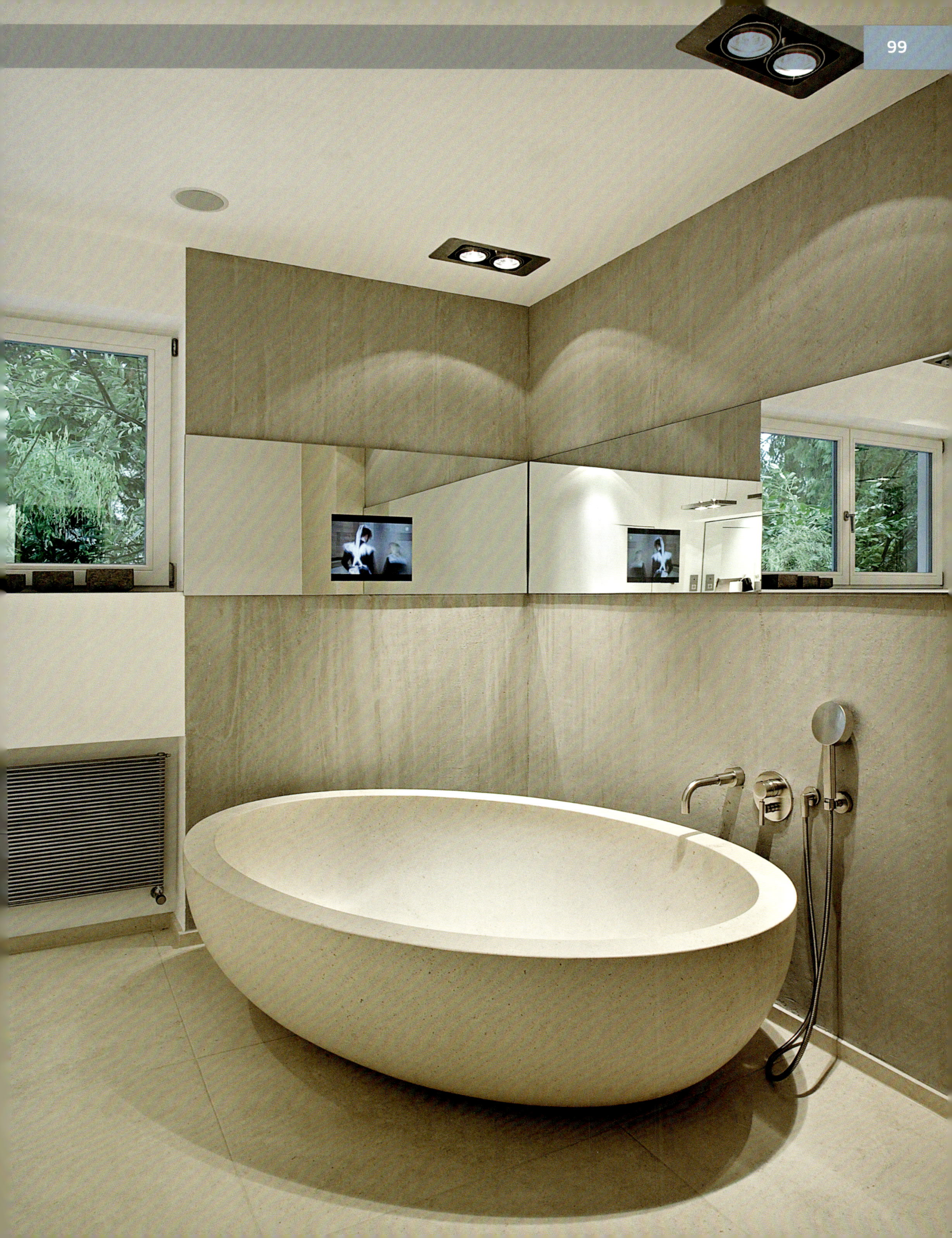

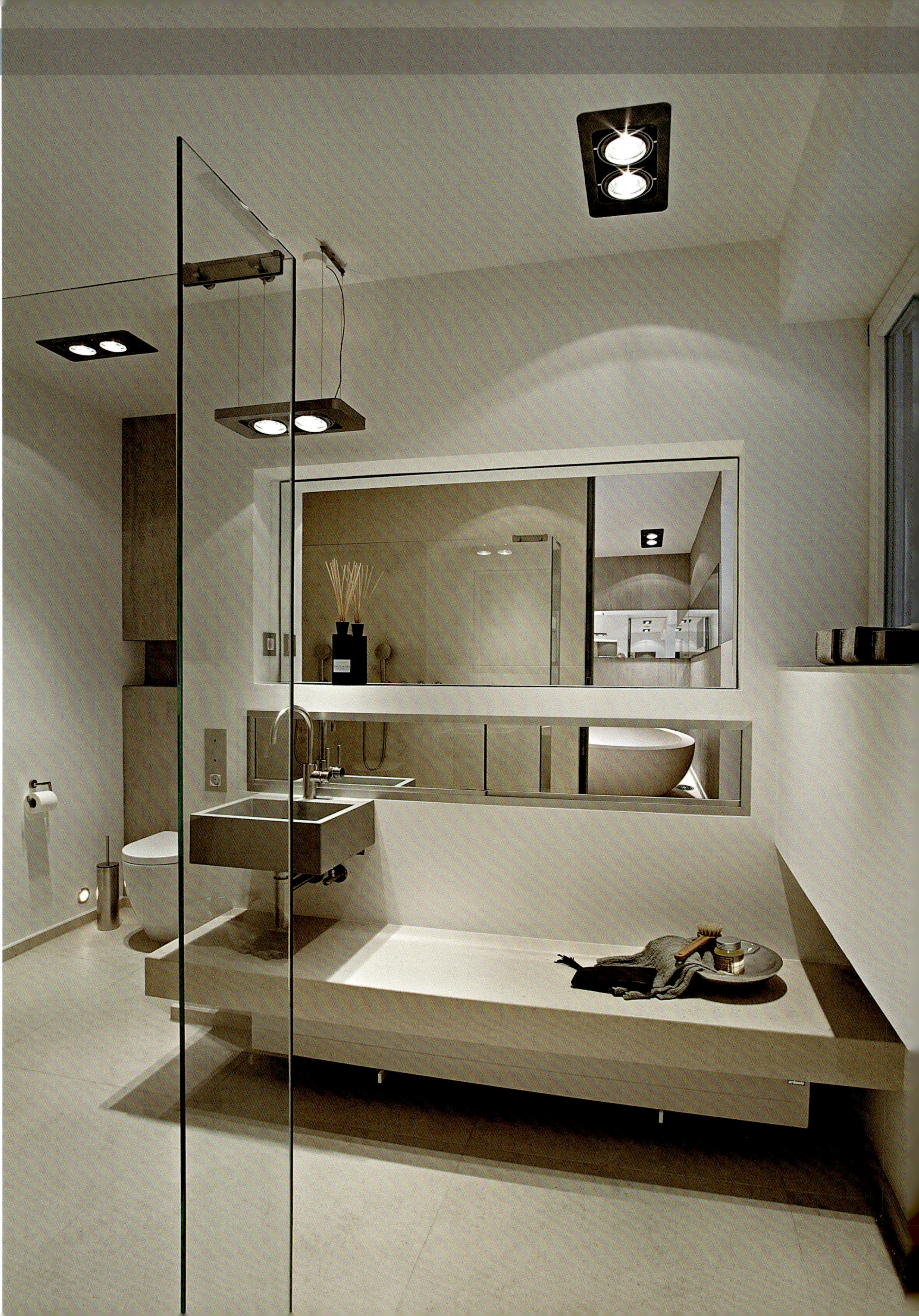

Zum zweiten Teil des Ensembles führt ein Durchgang auf der Fensterseite. Hier wurde die Trennwand zwischen den früheren Bädern geöffnet. Im weiteren Verlauf dient sie noch als Raumteiler für die Zonen des Doppelbads: auf der einen Seite der Doppelwaschtisch, auf der anderen die geräumige Dusche (die natürlich auch von den Eltern genutzt wird, obwohl es sich hier überwiegend um das Kinderbad handelt). Der Durchgang kann durch eine transparente und leicht spiegelnde Schiebetür geschlossen werden, die noch Verbindung zulässt und nicht komplett trennt.

Im neuen Duschbad wurde ein einzelner, kleiner Betonwaschtisch eingeplant, dessen Materialität zu den Wänden passt, die auch Betonoptik zeigen. Der Waschtisch wurde mit einer darunterliegenden, beheizbaren, steinernen Sitzbank ergänzt: Ein warmer Rastplatz, ob man nun aus der Dusche kommt oder sich nach dem Wannenbad einen Moment ausruhen will. Materialien sind überhaupt ein Schlüssel zum Baderlebnis: Kalkstein, Beton mit Verarbeitungsspuren bzw. Kalkputz mit Patina, zart sandige bis warm-graue Farbigkeit. Das Auge genießt die freundliche Lebendigkeit der an sich harten Materialien. Gut gesetzte Downlights, eingebaut oder abgehängt, bodennahe Orientierungslichter am WC, Wandnischen für Duftkerzen und Teelichter: Auch das Lichtkonzept unterstützt die Sinnlichkeit. ◆

< Das Duschbad der Kinder hat einen minimalistischen Waschplatz, davor aber eine beheizte Sitz- bzw. Ruhebank. Im Spiegel: das Wannenbad der Eltern.

∧ Auch die bodengleiche Dusche bietet einen gemauerten Sitzplatz. Die Glasabtrennung ist dafür aufwendig ausgeschnitten.

∧ Ausgesuchte Details werten das Bad auf: die Nische für kleine Teelichter, der diskrete Ablauf in der Dusche, die exklusiven Schalter.

Grundriss Maßstab 1:75

Waschbecken Naturstein: Piba Marmi
Armaturen: Dornbracht
Betonwaschtisch: Form in Funktion
Natursteinwanne: Boffi
Spiegel mit eingebautem TV: Anfertigung von Dreyer
WC: Flaminia
Heizkörper: Tubes
Beleuchtung: Bernd Beisse
Schiebetürsystem: Rimadesio
Kosten: 151.000 Euro

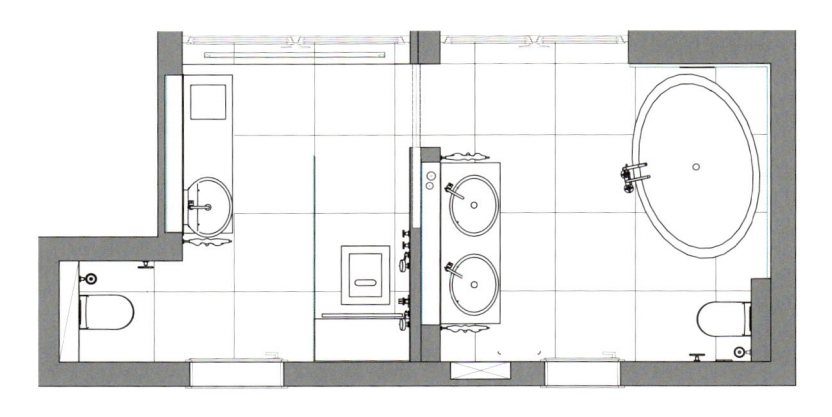

Wo sich das Duschen zart verzweigt

Ein historisches Gebäude verlangte nach einem sensiblen Badkonzept mit natürlichen Merkmalen. Der zu Hilfe gerufene Badplaner traf mit zwei grazil dekorativen Gläsern ins Schwarze. Genauer gesagt ins Grüne.

Wohnen in einer alten Burganlage, umgeben von viel Grün, aber mit einer Leidenschaft für exzeptionelles Design: Diese Anhaltspunkte charakterisieren die Bauherren und ihr Leben in der Nähe von Köln, bedingen zugleich die außergewöhnliche Badplanung. Es sollte ein dezidiert modernes Bad werden, mit emotionalen Materialien – passend zur alten Burganlage, in der die Wohnung des Bauherrenpaars liegt. Das Badstudio fand einen harmonischen Mix aus haptisch reizvollen Oberflächen, Wellness-Attributen und einem Design-Highlight für den Duschbereich.

Hat die Natur das Bad zurückerobert? Schlagen Bäume in der Dusche Wurzeln? Der Hingucker in diesem Bad sind zweifellos die zarten Birkenzweige, die in die zwei Glaspaneele eingelegt sind, welche jeweils die Wanne und die großzügige Waschtischanlage vom Duschbereich abtrennen. Stimmig leiten die changierenden Kalkputzwände in das Naturzitat über. In der Dusche nimmt eine Wandverkleidung aus Stein die beige Farbigkeit auf und verschmilzt optisch mit der warmen Grundstimmung. Eine Mischung aus Authentizität und besonderem Oberflächenerlebnis bieten die Bodenplatten: Bitumenfliesen, die zwar nicht wie aus der Natur geschnitten sind, aber mit ihrer Rustikalität im Kontrast zum High-End-Design faszinieren. Ihr Betreten mit nassen Füßen überzeugt spontan. In diesem Erdgeschossbad ließ sich der ebenerdige Duschbereich mit den starken Bodenplatten problemlos einbauen, was bei Neubauten mit einem dünneren Estrich und

ᵛ Die Wanne steht vor einer Putzwand mit leicht changierender Wirkung, der ausladende Waschtisch liegt gegenüber.

˃ Die bodengleiche Dusche nimmt die Stirnseite ein, in der Glasabtrennung stecken feine Birkenzweige. Besondere Wohltat: die Schwalldusche an der Wand.

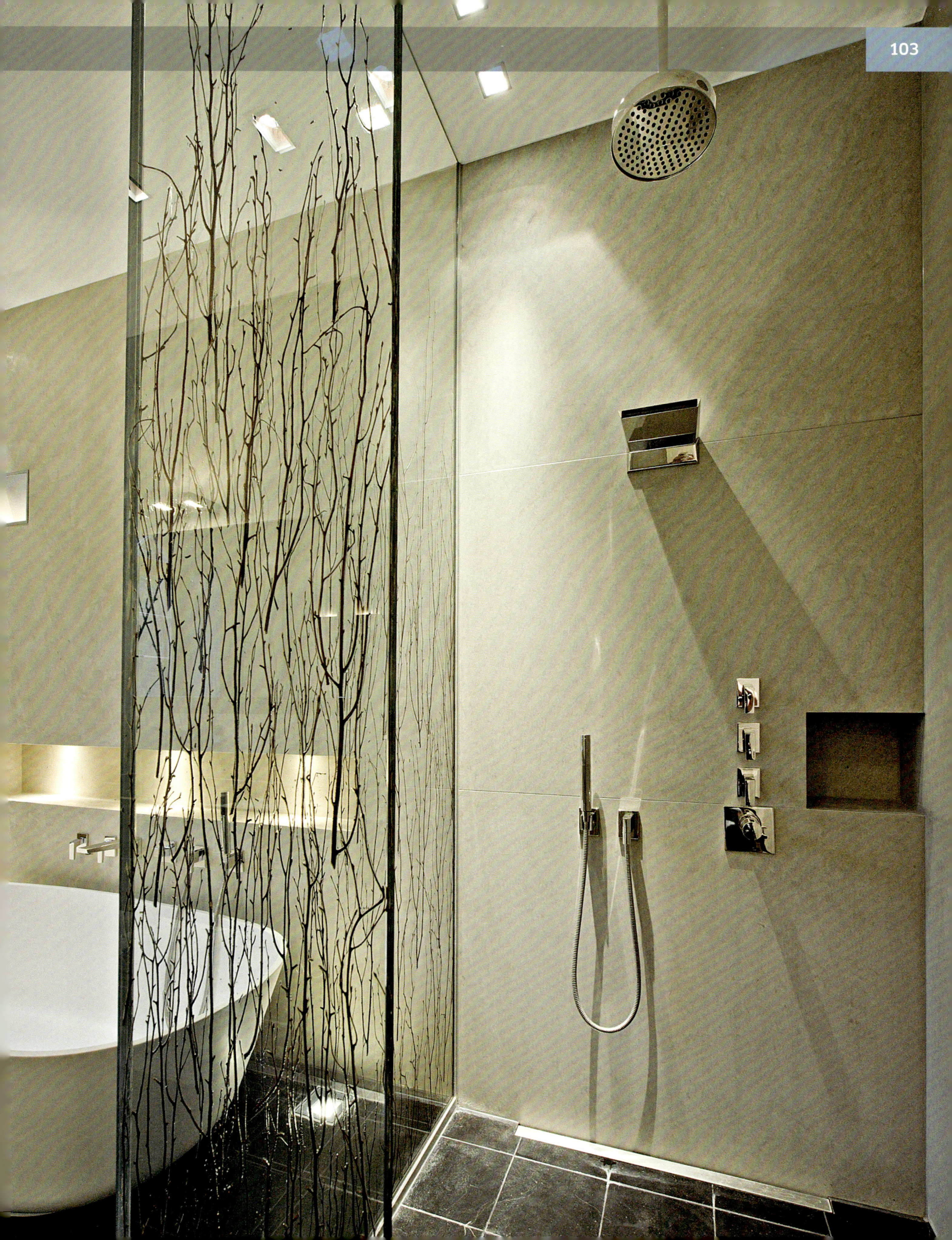

begrenzter Aufbauhöhe manchmal etwas kniffliger ist. Die schwellenlos begehbare Dusche bietet Wasserspaß mit therapeutischem Nebeneffekt: Zur Kopfbrause tritt ein Schwallauslauf an der Wand – genau in der richtigen Höhe positioniert, um als massierende Nackenbrause Gutes zu tun.

Das Lichtkonzept reagiert perfekt auf die sandmatten Wände, die Einbau- und Wandleuchten sind makellos geradliniges Design. Auf Wunsch der Bauherren wurde besonders auf weiche, indirekte Beleuchtung Wert gelegt: Das spenden zum Beispiel Einbauleuchten mit Hohlkehle, und Licht fällt aus der Einbaunische längs der Wanne. In der offenen Ablage des Möbelkorpus ist mit LED weiteres indirektes Licht installiert.

Und was ist nun mit den Birkenzweigen? Die Planer lassen auf Wunsch jedes Material in Kunstglas gießen, die Platten verarbeitungsfähig beschneiden und als besonderes Architekturmerkmal im Bad des Kunden zur Geltung kommen. Auch Metallfolien oder Stoff-.Oliches lassen sich in die verglasten Raumteiler bannen – nur das Format muss natürlich stimmen: mit den Bäumen im Bad wird das also – vorerst – nichts. ♦

Waschbecken: Maßanfertigung
Armaturen: Dornbracht
Wanne: Antonio Lupi
Duschabtrennung mit Zweigen: Sonderanfertigung
Spiegelschrank: Maßanfertigung
Leuchten: Kreon
WC: Duravit
Kosten: keine Angabe

˅ In das Kunstglas kann fast jedes Material eingegossen werden und damit die Duschabtrennung sehr individuell veredeln.

˅ Lichtideen: Bodenstrahler werfen Streiflicht auf die Wand und illuminieren auch die weiche Wannenform.

‹ Der sorgfältig bearbeitete Mineralputz in Sandbeige ist ein charmanter Fond für die Designarmaturen.

˄ Der Waschtisch aus Naturstein mit der beleuchteten Ablagenische ist eine Maßanfertigung.

› Die im Kunstglas eingelassenen Birkenzweige dienen als dezenter Raumteiler.

„Wir schätzen die weichen Flächen und optischen Highlights."

Grundriss **Maßstab 1:75**

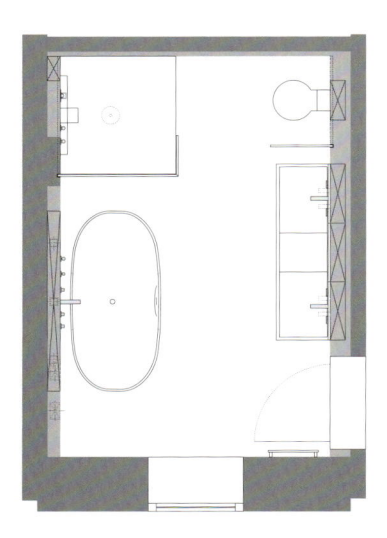

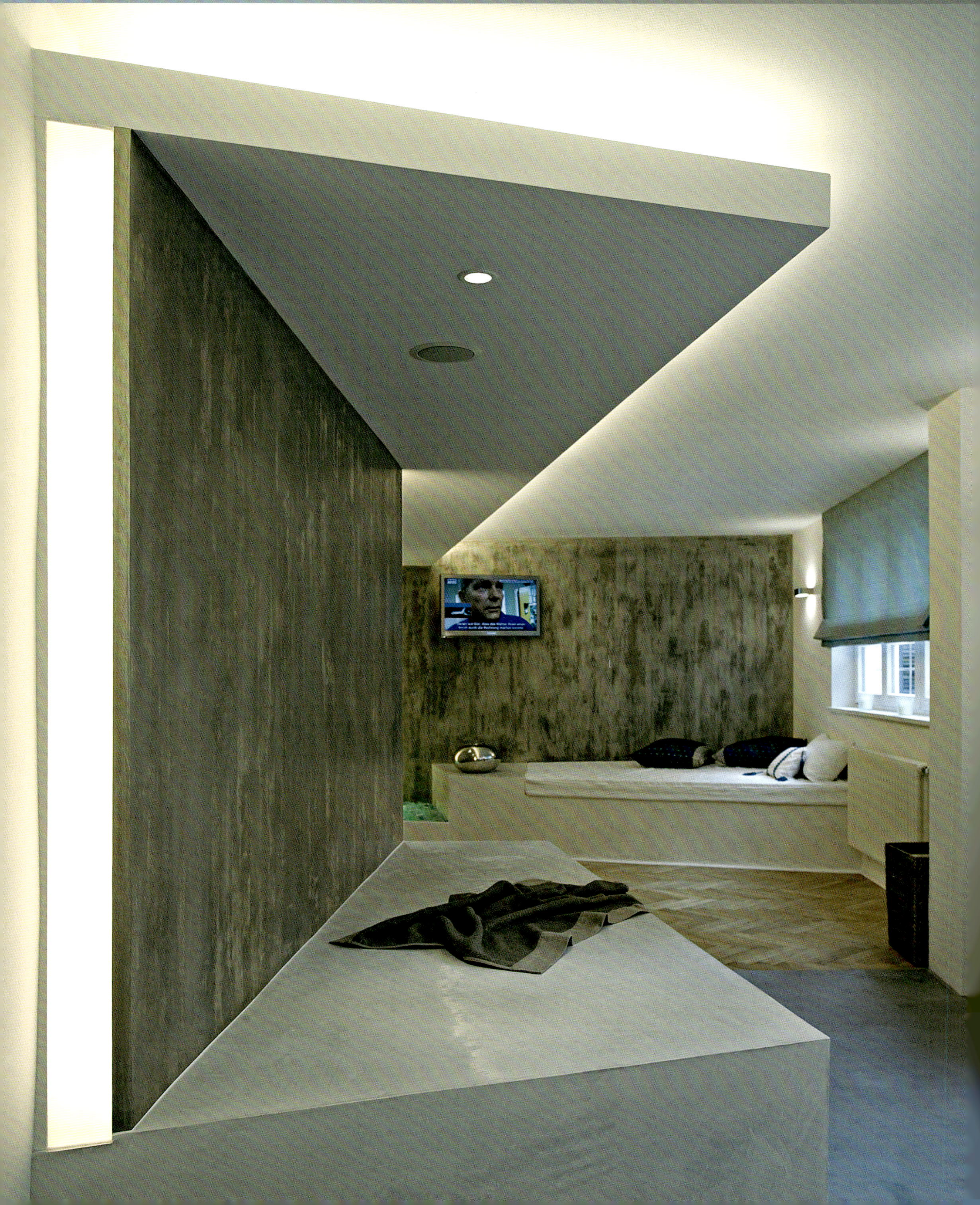

Den Alltag abstreifen

Abschalten, auftanken und etwas für die Gesundheit tun: Das wünschten sich die Bauherren dieses reinen Wellnessbads. Sauna und Kneippanwendungen bietet das Konzept der Badplaner.

Konzentration auf das Wesentliche: Sind das im Bad nicht zuallererst Gesundheit und Entspannung, weniger die banale Körperpflege & Co.? Kann nicht die Welt des Notwendigen und Alltäglichen einmal zurücktreten und dem Genuss allein Platz machen? Die Bauherren dieses Bads in einem Einfamilienhaus im Südwesten von Deutschland wünschten sich ein Gefühl wie im Spa-Hotel, wo es 365 Tage im Jahr um Badgenuss und weniger um die gewöhnlichen Vorkehrungen geht, die landläufig auch im Bad untergebracht werden. Gesundheitsvorsorge stand dabei oben auf der Wunschliste. Waschplatz und WC wurden an anderer Stelle untergebracht.

Die Innenarchitekten des Badstudios griffen die Vorgaben gern auf und brachten ihre Kompetenz in Sachen Wasser und Gesundheit ein: In dem neu gestalteten Liegebereich mit Blick in den Garten, im „trockenen Bad", bauten sie eine Ruhebank mit eingelassener „Polsterung". Und gegenüber wurde ein sogenannter „Hot Stone" eingesetzt, der im klassischen Hamam als beheizte Liegefläche dient und – wie auch in diesem Bad – ein Platz für Massagen ist, wobei gern warmes Massageöl eingesetzt wird. Dafür muss die Liegefläche

< Relaxzonen: Links der Hot Stone für Massagen, hinten eine gepolsterte Liege zum Ruhen nach der Sauna.

∧ Der Whirlpool für zwei ist in einem halbrunden Erker platziert – mit Blick in den Garten.

⌃ Der minimalistische Duschbereich liegt zwischen Whirlwanne und Sauna (Tür auf der rechten Seite). An der Wanne ist ein extra Fußbecken untergebracht.

ˇ Kontraste: kubistisches Design und handwerkliche Wandbearbeitung.

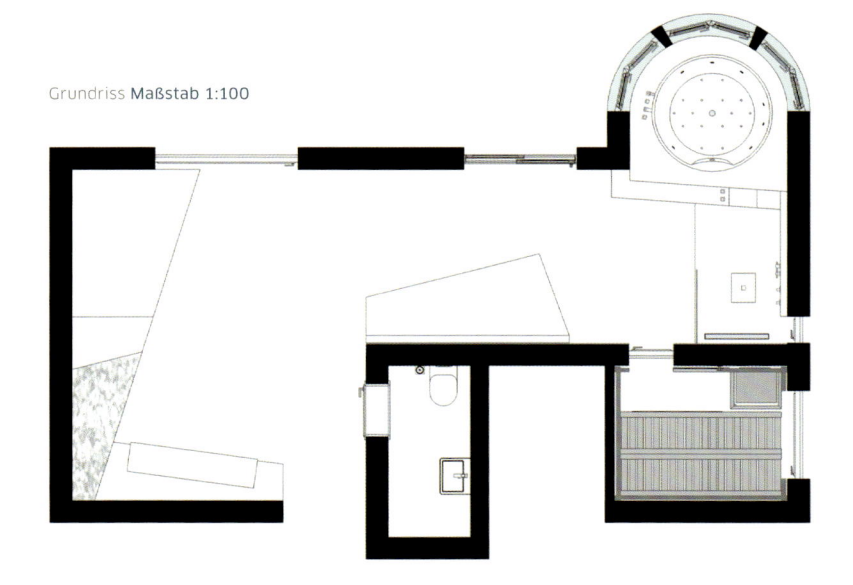

Grundriss **Maßstab 1:100**

glatt und pflegeleicht sein. Hier wurde sie mit einer besonderen Kalkputztechnik (Marmoris) bearbeitet, die wasserfest und scheuerbeständig ist. Die Rückwand ist ebenfalls in einer speziellen Spachtelstruktur ausgeführt und unempfindlich – ein Genuss fürs Auge.

Das für das gesundheitsbewusste Ehepaar unverzichtbare Schwitzbad ist nur wenige Schritte entfernt. Aus der Sauna genießt man den Blick ins Grüne. Gegenüber im Erker liegt der runde, luxuriöse Whirlpool mit seinem Wellnessprogramm: verschiedene Düsen massieren leicht und entspannen umfassend. Sich wohlfühlen und dabei etwas für die Gesundheit tun: Dazu dient auch das Kneippbecken. Es ist in eine Stufe zum Whirlpool eingebaut, sodass man auf der Wanneneinfassung sitzend die Unterschenkel ins wechselwarme Fußbad tauchen kann. Eine bewährte Stärkung der Abwehrkräfte in nasskalter Jahreszeit ...

„Ich habe einen Traum – von einem Raum, in dem ich mein Alltagsleben abstreife und es mir einfach gut gehen lasse."

Das Bad sorgt nicht nur für körperliches Wohlbehagen und bessere Konstitution, es überzeugt auch mit einer individuellen Architektur und optischen Highlights, die sich aber nicht auf das Dekorative beschränken, sondern funktionale Qualitäten haben: Die beiden Liegen zeigen eine asymmetrische Trapezform, die vis-à-vis miteinander korrespondieren; die offene Dusche ist minimalistisch gestaltet und bildet mit dem Whirlpool/Kneippbecken optisch eine Einheit durch die abgehängte Decke über diesem Bereich. Eine Deckenabhängung mit eingebauten Spots und Audiotechnik definiert auch die Fläche für den Hot Stone. Die Spachteltechnik auf mehreren Wandflächen ist ein wiederkehrendes, gestalterisches Prinzip. Die Lichtfuge hinter der Wand des Hot Stone lässt dekorative Glaskiesel am Fußende der gepolsterten Liegefläche schimmern – die Assoziation an einen schmalen Bach ist beabsichtigt. ◊

Armaturen in der Dusche: Dornbracht
Wanne, Wannenarmatur, Sauna: Repabad
Fußbadebecken: Nevobad
Wandtechnik: Kellner Farbgestaltung
Spachteltechnik: Marmoris
Wandleuchten: Decor Walther
Kosten: 60.000 Euro

∨ Der Wannensockel dient auch als Sitzplatz für Kneippanwendungen im extra Fußbecken.

Matteo Thun – Designer-Architekt mit Passion

Der Südtiroler Architekt und Designer wurde Anfang der 80er-Jahre schlagartig bekannt als Mitbegründer der Stilbewegung „Memphis", die von Ettore Sottsass angeführt wurde. Der Memphis-Stil fegte alte Gewissheiten und Kodizes der Designwelt vom Tisch und setzte auf einen lebendigen, spielerischen Gestaltungsansatz. Von dieser Lebendigkeit hat sich Matteo Thun viel bewahrt, auch als er schon längst gefragter Architekt von Hotels, Bürogebäuden und Privatvillen geworden war, ein erfolgreicher Produktgestalter und nicht zuletzt Designer für Bäder.
Er provozierte mit einer puren Holzbadewanne und schmeichelte mit einer neuen, schlichtschönen Armaturenserie für Dornbracht, erwies sich als Experte im Spa-Bereich wie pointierter Beobachter mancher Trends.

Wir trafen Matteo Thun in seinem Atelier im Mailänder Stadtviertel Brera, einem „Dorf" der Kreativen in der pulsierenden Metropole, und fragten ihn nach seiner Sicht auf das Bad, für das er seit 25 Jahren designt.

Matteo Thun: Das Bad ist ein Ort, den man in einem emotional äußerst verletzlichen Zustand betritt – nämlich nackt bzw. so gut wie schutzlos. Im Bad soll uns nichts bedrängen, dort möchten wir die Gedanken fliegen lassen. Ich nenne das Bad einen Dekompressionsraum ...

... also ein Raum, in dem sich der Druck des Alltags verflüchtigt ...

Genau – ohne Stildiktate, ohne sichtbare Technik, ohne scharfe Ecken und Kanten. Wir planen Bäder mit vielen natürlichen Materialien – und wenn möglich mit Tageslicht! Ein Albtraum ist für mich eine einengende Duschkabine. Das ist einfach kein Ort, um den Tag zu beginnen. Meiner Meinung nach ein Fehler, Geld in so ein Glashäuschen zu stecken.

Kabinen scheinen sowieso auf dem Rückzug zu sein, der Trend geht ja zu offenen Duschbereichen und einer insgesamt offeneren Architektur ...

Ich bin sehr für den offenen Duschbereich, für das offene Bad, sozusagen das Bad-im-Raum. Als Architekt sage ich aber auch: Die Bäder werden nicht größer, sondern bleiben kleine Räume. Die großen Sprüche von den Badlandschaften – also, ehrlich gesagt, ich habe die noch nicht gesehen. „Wohnbäder", dies so gern zitierte Konzept, ein architektonischer Bluff! Ich versuche das Bad in den Wohn- und Schlafbereich zu integrieren.

Was bedeutet das für unser Thema Wohlfühlbäder und wie man zu ihnen gelangt? Wenn bei begrenztem Platzangebot und in der Regel auch Budget mehr für das persönliche Baderlebnis getan werden soll?

New Normality haben das manche klugen Köpfe jüngst genannt, und ich schließe mich dem Begriff an. Nicht zu vergessen die „beauty of economy", die Schönheit, die in einem sehr bewussten Wirtschaften steckt. Das sind für mich wichtige Stichworte für unsere Zukunft. Einfach, unkompliziert und formschön ist zum Beispiel unsere neue Armatur für Dornbracht. Anders ausgedrückt: edelster Marmor, schimmernd polierte Flächen haben sich überholt. Ästhetischen Mehrwert bieten Produkte, die auf ihre Weise schlicht sind, aber zum Beispiel mit Haptik brillieren: spaltrauer Stein, Holz natur, offener Putz ... Ich bezeichne das als Erotik für das Auge.

> Matteo Thun prägt die Badwelt seit drei Jahrzehnten mit raffinierten Ideen und exklusiven Produkten.

∧ Waschtischmischer „Gentle" von Matteo Thun.

< Das Armaturenprogramm „Gentle" (Dornbracht) kam 2011 heraus.

Woran kann der Planer noch denken, in technischer und architektonischer Hinsicht?

Tageslicht in der Badplanung ist ganz, ganz wichtig. Erst Tageslicht gibt uns wirklich die notwendige Energie für den Tag. Darüber hinaus können Abläufe verdeckt werden – also Becken ohne das schwarze Loch, das einem ins Auge springt und an Schmutz und Gerüche denken lässt. Unsere „Barcelona"-Serie aus dem Jahr 1999, die Waschbecken für Rapsel, bot dafür eine der ersten Lösungen.

Mit den oft verschämt behandelten Funktionen, die in vielen Bädern auch ihren Platz finden, haben Sie sich viel beschäftigt, zum Beispiel mit dem Dusch-WC ...

Ich bin ein überzeugter Anhänger dieser Technik! Sollte jeder haben ... Wir entwickelten vor Jahren ein Urinal für Frauen, das die italienische Keramikfirma Catalano realisiert hat. Auf dem Markt leider schwer vermittelbar. Dies liegt nicht am Produkt, es ist hervorragend, aber die gedankliche Bereitschaft im Handel fehlt. Leider.

Stichwort neue Ansätze. Das Publikum tut sich schwer mit Veränderungen in seiner Badkultur. Die meisten reinigen sich ja noch im Wannenbad ...

... kleine Schweinchen. Das wäre in Japan undenkbar. Da duscht man und reinigt sich vor dem Einstieg in die Wanne. So soll ja auch unsere „Ofuro"-Wanne genutzt werden, in der man tief eintaucht und dann perfekt entspannt – wie bei Wannen in Fernost. Ich war, offen gesagt, ganz verblüfft über die Riesenresonanz, die diese Holzwanne ausgelöst hat ...

Die in traditioneller Technik hergestellte Wanne „Ofuro" ist ein Hingucker, wie es für so viele frei stehende Wannen ganz typisch ist. Sie sind eben große Solisten im Bad, wie etwa auch die „Lavasca", eine eierschalweiße Wannenmuschel für Rapsel.

Individualität ist, im gehobenen Segment, der eine, große Trend im Bad, der sich wirklich manifestiert. Bei hochpreisigen Konzepten wollen die Leute nichts Serielles, schon gar kein durchkomponiertes Einrichtungskonzept, wie es manche Firmen als „co-ordinated Design" anbieten.

Sie plädieren für einen persönlichen Eklektizismus im Bad ...

Bitte! Keine Stildiktate, keine „Ismen". Aber die Individualität sollte man schon im Auge behalten. Sich vom Material faszinieren lassen! Und die Normalität wiederentdecken. ◊

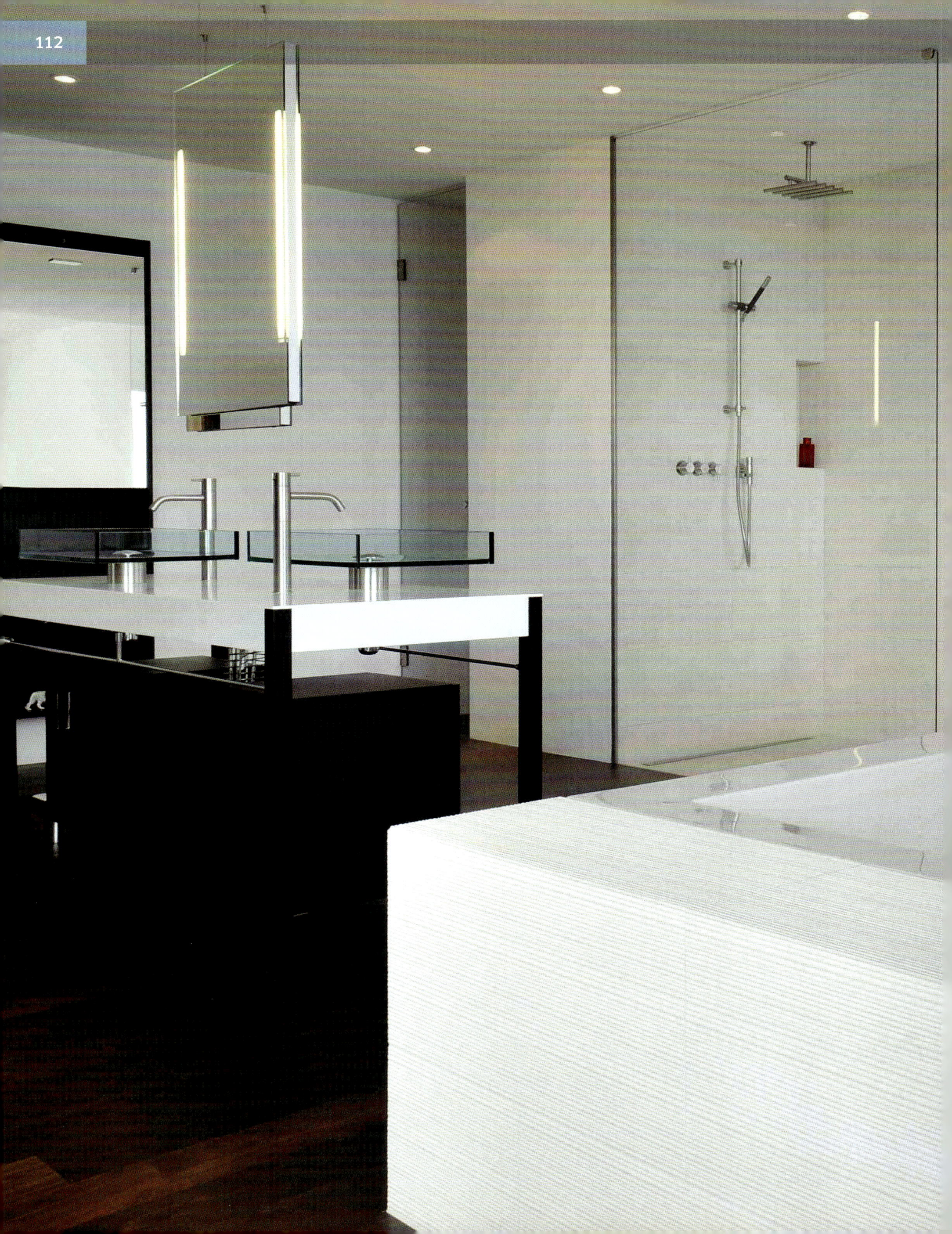

Freier Blick in jeder Lage

Baden und Schlafen im Ensemble, das verbindet dieser elegante Raum auf einem offenen Grundriss mit Blick zum nahen See. Der Badspezialist kombinierte Kontraste, Coolness und Komfort.

Ein außergewöhnliches Wohnbad schuf ein Badspezialist in einer Villa auf einem Seegrundstück: Es setzt auf Kontraste – dunkles Holz und viel Weiß, Glas und schwarze Akzente – und es bringt die exklusive Lage zur Geltung. Denn von gleich welchem Platz, selbst aus der Sauna, genießt man den Blick in die Schweizer Landschaft. Eine zusätzliche besondere Note erhält die Architektur durch die komplette Verschmelzung von Schlafen und Bad: Das Bett steht Seite an Seite mit der großzügigen Badewanne, getrennt lediglich durch einen brüstungshohen Raumteiler. Der Schlafplatz – mit Blick auf das parkartige Grundstück durch zwei bodentiefe Fenster in zwei Richtungen – erschließt sich daher nicht sogleich, etwas Diskretion bleibt gewahrt.

Die bodengleiche, geräumige Dusche liegt nur ein paar Schritte von Bett und Wanne entfernt und ist in streng zurückgenommener Architektur geplant. Beim Betreten stört keine Abtrennung, die Duschfläche ist flächenbündig zum warmen Holzboden des Bads ausgeführt, die Edelstahlarmaturen sind minimalistisch. Der in die rahmenlose seitliche Glaswand eingelassene Handtuchhalter ist ebenso praktisch wie diskret, und die in die Wand gesetzte Ablagenische fügt sich wie ein

< Der Doppelwaschtisch steht frei zwischen Sauna und bodenebener Dusche. Im Vordergrund die Wanne in der Raummitte.

^ Die Sauna ist großzügig verglast, was ihr jeden engen Kabinencharakter nimmt. Sie hält über die Wanne hinweg Blickkontakt mit dem Draußen.

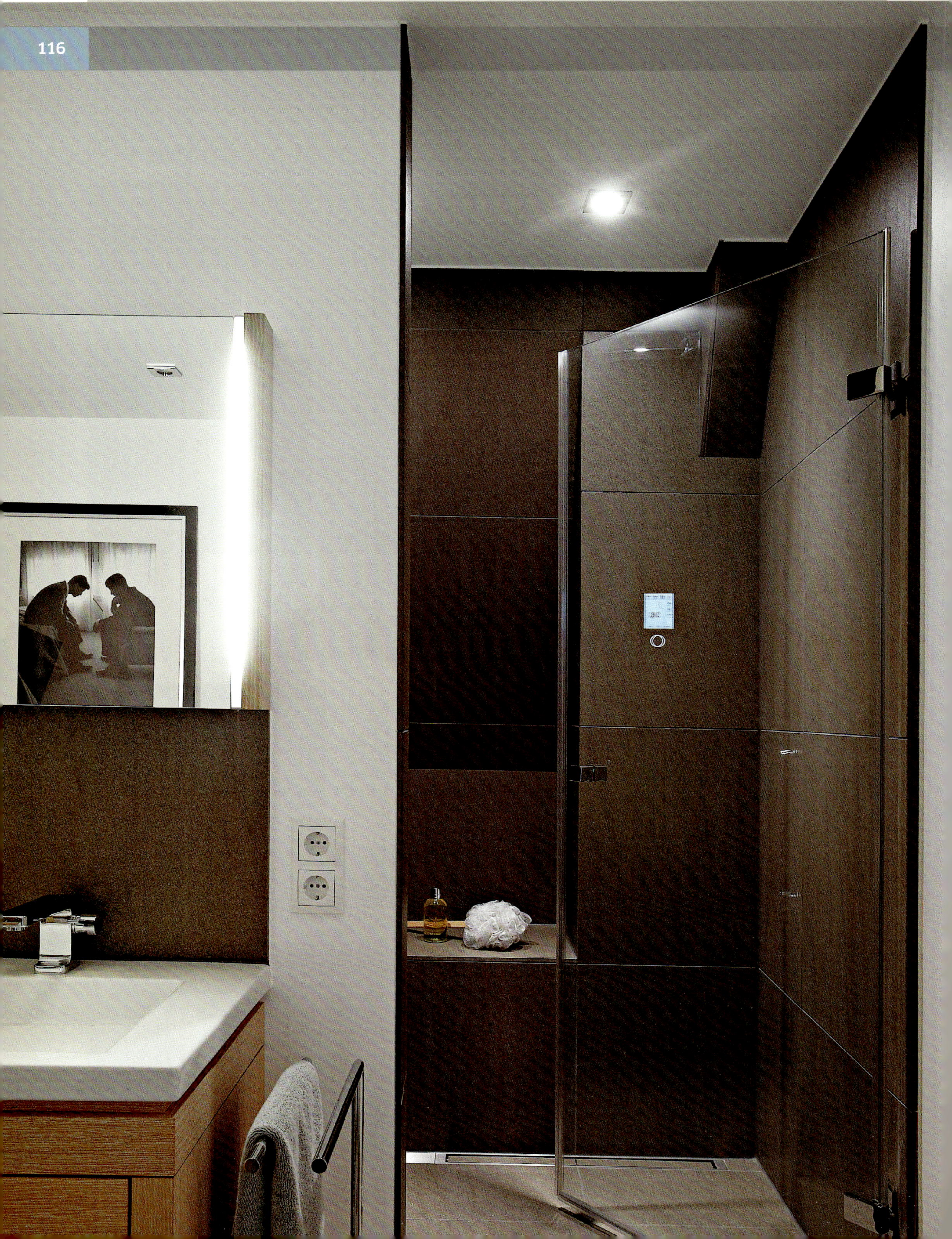

Refugium mit Duscherlebnis

Unter dem Dach einer alten Villa gelang der Einbau einer wohnlichen Bad- und Brausewelt. Herausforderungen wie Schrägen und ein kleines Fenster wurden durch eine kluge Planung gemeistert.

Wer viel unterwegs ist, kommt auch gern nach Hause. Das ideale Bad für diesen Bauherrn, geschäftlich stark eingespannt, musste zwar in erster Linie eine Powerdusche zum Frischwerden und Auftanken bereithalten, aber das zuweilen geschätzte Wannenbad durfte ebenso wenig fehlen. Die Badplanerin fand ein Konzept, in dem das Bad harmonisch mit dem Wohnbereich in der alten Villa verschmilzt. Wohlfühlelemente wie Naturholz und Farbe spielten dabei eine Rolle, aber ebenso mehrere einladende Sitzplätze und die vom Auftraggeber geschätzte Mediennutzung im Bad. Auch eine differenzierte Lichtplanung trägt zum Charme des Bads bei.

Herausforderungen an die Badplanung stellten das kleine Fenster und die Schrägen des Mansarddachs. Da das Dach der Villa von 1885 nicht angetastet werden durfte, musste das Bad mit einer kleinen Gaube als Lichtquelle leben – wie bereits früher die Küche an dieser Stelle. Die Planerin rückte den Waschplatz in die Raummitte und damit in Fensternähe, sodass der Hausherr den Blick auf die Gärten und Villen der Nachbarschaft genießen kann. Eine Sitzbank bietet

‹ Rechts vom Waschplatz führt eine Stufe in die Hightech-Dusche mit elektronischer Steuerung und Soundanlage.

ʌ Unter der Schräge ist ein gemütliches Bad mit Sitzpodest unter dem Fenster entstanden. Das Holz gibt eine warme Stimmung.

einen traumhaften Platz zum Innehalten mit Blick auf Wolken und Wetter, die Auflagekissen machen das Bad wohnlich. Dass die Bank mit ihrer Abmauerung auch noch Rohre und Leitungen kaschiert, ist ein erfreulicher Nebeneffekt.

Der neu aufgestellte Raumteiler gliedert das Bad in verschiedene Zonen. Dahinter liegt das WC, neben dem Waschtisch geht es in die Dusche. In den nachträglich gesetzten Wänden ließ sich Technik unterbringen: zum Beispiel für die Seitenbrausen und die üppig bemessene Kopfbrause samt Elektronik für die Steuerung der Dusche. Der Besitzer hatte sich ein „Duscherlebnis" gewünscht, und die Planerin organisierte mit dem Duschsystem nicht nur Wasserschwall, Rundumbrausen und Tropenregen, sondern baute auch zwei Lautsprecher ein. Die Module sind für den Einbau in der Dusche geeignet und spielen nun von Lieblingsmusik bis Nachrichten alles ab, was die Bedienung aus der angeschlossenen Anlage herauskitzelt. Für Fans: „Rain Brain" merkt sich das individuelle Brause- und Musikprogramm. Eine gemauerte Bank nutzt den eingeschränkten Standbereich in der Dusche optimal und lädt dazu ein, im musikalisch untermalten Duschregen zu verweilen.

„Das Bad ist für mich das zentrale Erlebnis des Nach-Hause-Kommens."

Die wohnliche Atmosphäre des Badezimmers wird durch die badtauglichen Eichendielen erzielt, die aus dem Flur ins Bad hinüberreichen. Einbaustrahler, gezielt anzusteuern, schaffen in mehreren Nischen, unter anderem über dem WC und längs der Wanne, die gewünschte Lichtstimmung. Auch mit den separat zu schaltenden Lichtquellen im Dusch- und übrigen Badbereich lässt sich Wohlfühlambiente zaubern. ◊

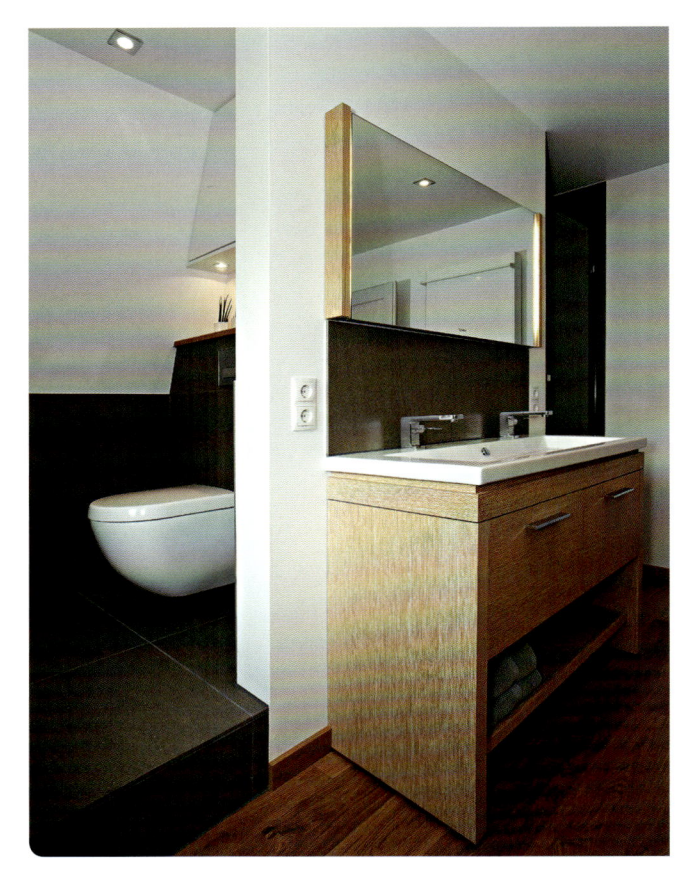

∧ Der Waschtisch steht vor einem Raumteiler, dahinter liegt diskret das WC, auf gleicher Höhe rechts die Dusche.

Waschtisch, Wanne und Möbel: Duravit
Armaturen am Waschtisch: Dornbracht
Wannenarmatur: Grohe
Dusche mit Kopf- und Seitenbrausen, Handbrause und Lautsprechermodul: Hansgrohe
Ablaufsystem der Dusche: Unidrain
Fliesen (Nassbereich) 60 x 60 cm: Caesar
Eichendielenboden: Parador
Heizkörper: Zehnder
Kosten: ca. 50.000 Euro

Grundriss Maßstab 1:50

˄ ˄ Der Schwalleinlauf ist in die Wanne integriert.

˄ Am Waschplatz teilen sich zwei Wasserauslässe das breite, durchgängige Becken.

› Die Wanne von Duravit hat einen integrierten Stauraum im Korpus. Neben der Wanne ist eine Ablagenische in die Wand eingelassen. Olivbraun vermittelt zwischen Holz und dem Weiß der oberen Wandflächen.

Das kleine Schwarz-Weiße

Eleganz und Funktionalität gehen Hand in Hand bei diesem schwarz-weißen Bad.
Die maskuline Note scheut nicht eine Portion Luxus.

Der Wunsch nach einem neuen Bad begann wie so oft: Das alte war nicht mehr zeitgemäß, Ablagen und Unterbringungsmöglichkeiten stellten ein gewachsenes Durcheinander dar, die Dusche bot keinen Komfort für zunehmendes Alter. Zugleich sollte der neue Badauftritt dauerhaft elegant und mit allem ausgestattet sein, was sich das Bauherrenehepaar jenseits der Fünfzig wünschte. Für den Hausherrn hieß dies: Ein Fernsehmonitor musste her; für beide Benutzer war eine saubere Lösung für Lotions und Pflegeprodukte in der Dusche gefragt. Der Badspezialist fand dafür ein gestalterisch stimmiges Konzept, dem man eine maskuline Aura nicht versagen kann, und das mit dem Kontrast aus Mattschwarz und Hochglanzweiß auf dezenten Luxus setzt.

Die Dusche wurde bodengleich ausgeführt und mit kleinteiligen Fliesen belegt, die aufgrund des höheren Fugenanteils rutschhemmend wirken. Die Fliesenserie hat eine – wie derzeit oft im Handel anzutreffen – leicht geschiefert wirkende Oberfläche, die bereits vom Design her Sicherheit vermittelt und eine gewisse Natursteinoptik hat, obwohl es sich um gebrannte Keramik mit Oberflächendekor handelt. Die Dusche ist darüber hinaus so gut wie rahmenlos. Das lässt dem durchschnittlich großen Bad von 9 Quadratmetern Luft zum Atmen und unterstreicht die Eleganz. Nützliche Details sind die eingelassene Ablagenische oberhalb der Armaturen und die fest montierten Seifen- und Lotionspender: Jetzt hat alles seine Ordnung. Einen badtauglichen Polsterhocker, damit man sich im Sitzen die Füße abtrocknen und pflegen kann, hat der Planer gleich vor der Duschwand eingesetzt. Der Designheizkörper neben dem Zutritt zum offenen Duschbereich

∨ Geschieferte Oberflächenoptik verleiht den Fliesen eine rustikale Eleganz.

> Rechte Winkel und schwarzweiße Kontraste setzen auf eindeutige Prägnanz im 9-m²-Bad.

121

(keine Pendeltür) zitiert im Format die Höhe der Dusche und passt daher trotz seiner optisch deutlichen Präsenz gut an dieser Stelle in das Bad. Die Bauherren legten auf eine spürbare Wärmewirkung Wert, wenn man sich mehr oder weniger unbekleidet im Bad aufhält.

Die Waschtischanlage bietet einen Spiegel mit Licht über die gesamte Breite, rechterhand ist ein Bildschirm montiert, auf dem sich nun Nachrichten oder ein Unterhaltungsprogramm verfolgen lassen. Im elegant beschlagfreien Möbelkorpus sind tiefe Auszugschubladen untergebracht. Weiterer Stauraum ist in einem maßgefertigten Hochschrank angeordnet, den der Profiplaner mit dem gleichen Fliesenmaterial wie für Boden und Wände in der Dusche verkleiden ließ. So fügt sich das Möbel perfekt in das Ambiente. Kleines Detail im schlüssigen Schwarz-Weiß-Konzept: Auch an die Rahmen der Steckdosen und Schalter wurde gedacht. Das Farbkonzept wird noch einmal an der Vorwandinstallation für das WC aufgegriffen, die im Übrigen mit einem kleineren Schubladenmodul an den großen Waschtisch angebunden ist. Dieses kleine Element, das als zusätzliche Ablage neben dem WC dienen kann, vermittelt zwischen den verschiedenen Tiefen. ⬥

∧∧ Die bodengleiche Dusche ist mit Mosaik gefliest – das wirkt rutschhemmend. Die wandmontierten Seife- und Lotionspender sind eine saubere Lösung.

∧ Maßanfertigung macht's möglich: In die Waschtischanlage mit Möbeln ist eine extra Handbrause mit Armatur integriert, auf die die Besitzer Wert legen.

„Licht und Material sollten den Raum größer wirken lassen."

∧ Eine maßgefertigte Konsole verbindet Waschtisch und WC-Vorwand. Details: die geschieferten Fliesen tauchen hier erneut auf, ebenso rahmt ihr Material die Schalter.

Grundriss
Maßstab 1:50

Waschtischanlage: Alape
Armaturen: Dornbracht
WC: Duravit
Spiegel, Hochschrank: Maßanfertigungen
Heizkörper: Kermi
Leuchten: Decor Walther
Fliesen: Venis/Porcelanosa
Kosten: ca. 39.000 Euro

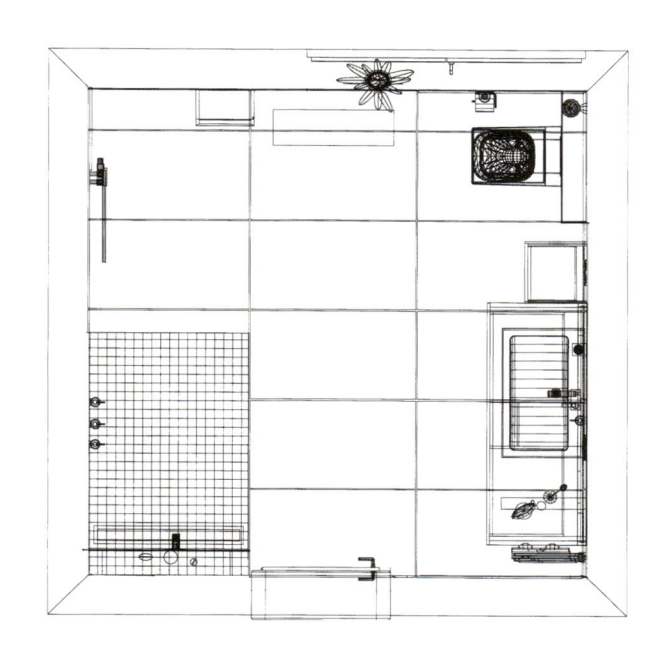

Unsere wahre Aufgabe ist es,
glücklich zu sein.

Dalai Lama

Bad mit neuer Raumordnung

Von zwei Seiten bekam dieses Bad Fläche geschenkt und nutzt sie nun nach Komplettumbau für mehr Duschvergnügen und eine opulente Wanne.

„Unsere wahre Aufgabe ist es, glücklich zu sein", steht als Motto an der Raum prägenden Wand. Was könnte passender sein an diesem Ort der Entspannung und Sinnlichkeit, als dieser eingängige, zeitlos gültige Spruch des Dalai Lama? Bevor man allerdings der freundlichen Aufgabe würde nachgehen können, hatte der Badplaner das Sagen: Aus dem vormals schlichten und quadratischen Bad galt es einen Wellnessbereich zu machen, der dem Glück der Bauherren etwas näher kommen sollte. Wegbereiter dafür wurde das örtliche Badstudio.

Der Weg zum Glück führte durch die Wand, genauer gesagt: zwei Wände. Das Badezimmer im Obergeschoss eines Einfamilienhauses in Norddeutschland hatte das Glück, etwas Fläche vom angrenzenden Flur und weitere von einem der nebenan liegenden Zimmer bekommen zu können. Diese Chance nutzte die Innenarchitektin des Badstudios für eine neue Raumordnung, die nun in dem Bad für großflächigen Badgenuss sorgt. Kernelemente: bodengleich begehbare, offene

‹ Die Wannenanlage ist vom Speziallieferanten maßgefertigt: so konnten Ablagepodest und Korpus individuell ausgeführt werden.

∧ Die beiden Wandscheiben an der Waschtischanlage lassen eine Lücke zum Duschbereich dahinter: raffinierte Sichtverbindung.

˄ Homogene Bodenfläche und großformatige Wandfliesen geben dem schmalen Duschbereich eine gewisse Großzügigkeit.

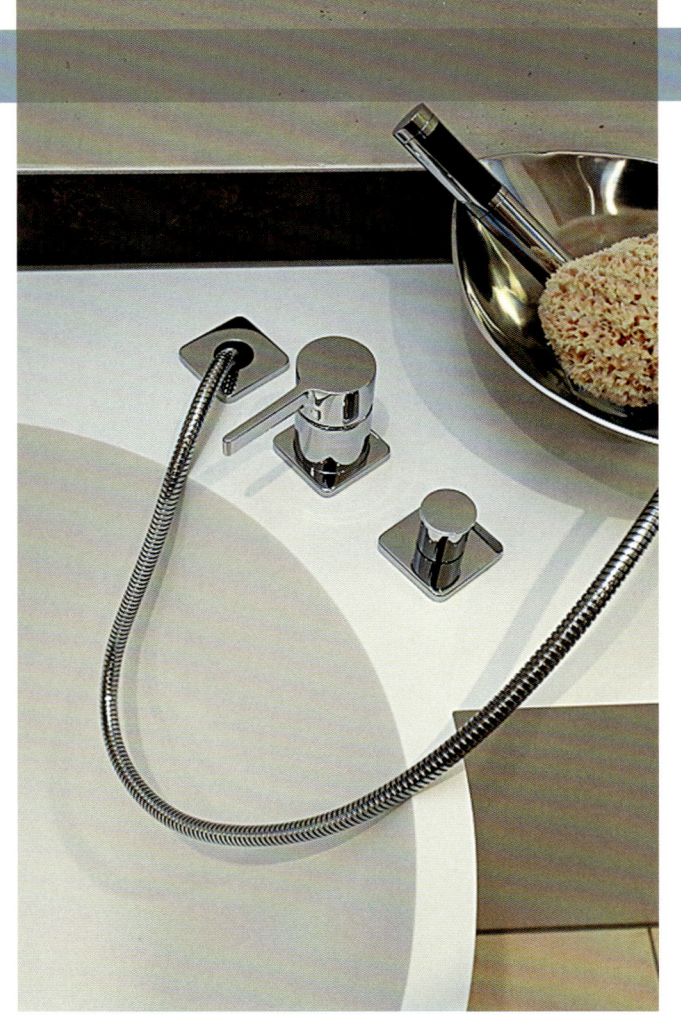

˄ Die maßgefertigte Wanne aus Glasfasermaterial mit Kunstharzen bietet einen harmonischen Ablagebereich, in den sich Armaturen wunschgemäß integrieren ließen.

Dusche, eine Individuallösung für die Wanne und eine Sauna, dazu charmante Farbigkeit und dekorative Akzente wie das Wand-Tattoo mit dem erwähnten Sinnspruch über der Wanne. Die Wand ist in einer Mineralputztechnik bearbeitet und nimmt gut Feuchtigkeit auf, die sie später langsam wieder abgibt. Nicht ohne Grund hat das Bad mit seiner Sauna Zugang zum Schlafen – als umfassender Relaxbereich.

Ein Teilbereich des Flurs wurde dem Bad zugeordnet, das an dieser Stelle eine Verbindung zum Schlafzimmer bekam – zusätzlich zu der versetzten Tür zum verkleinerten Flur. Die gewonnene Fläche wird durch zwei flache Sideboards für Stauraum genutzt, daran anschließend geht es in die Sauna. Der Durchgangsbereich führt danach in die zweite Zone des neu gegliederten Badezimmers: das eigentliche Bad mit Waschplatz und Relaxwanne. Der Waschplatz ist zweigeteilt in Nass- und Kosmetikbereich. Und ein Schlitz in der Wand zum ehemaligen Nebenraum bietet nun eine

optische Auflockerung: den Blick in die Dusche oder heraus. Gebraust wird hinter dieser durchbrochenen Innenwand (dahinter lag früher das Kinderzimmer, nach deren Auszug war es Hauswirtschaftsraum). Die Nische ist beleuchtet und dient auch als kleine Ablage für Dekoratives. In der Dusche fühlt man sich dank des Sichtfensters mit dem Bad verbunden, duscht aber nicht völlig offen.

Die Badewanne war für das Bauherrenehepaar besonders wichtig als Komfortzone: Ein Sitzplatz sollte her, als kleiner Ruhepunkt neben der Wanne mit Blick nach draußen oder bei Gelegenheit auch mal genutzt mit den Füßen auf dem Rand des Bidets zur Fußkosmetik. Das Podest ist eine Sonderanfertigung, die eine maßgeschneiderte Lösung über die gesamte Wandbreite bietet. Die Logistik war dabei nicht ganz einfach: das Wannen-Podest-Element musste über den Balkon und durch das Schlafzimmer ins neue Bad transportiert werden. Es hat sich gelohnt.

∧ Die Armatur passt gut zu dem rechteckigen Zuschnitt des Mineralgussbeckens.

> Fliesenstreifen akzentuieren Bidet und WC auf der beigefarbenen Putzwand.

„Großen Wert legten wir auf die Wanne mit ihrem Sitzbereich."

Grundriss Maßstab 1:75

Waschplatzmöbel, Becken: Mastella
Armaturen: Dornbracht
Wanne: Sonderanfertigung
WC, Bidet: Duravit
Beleuchtung: Deltalight
Kosten: keine Angabe

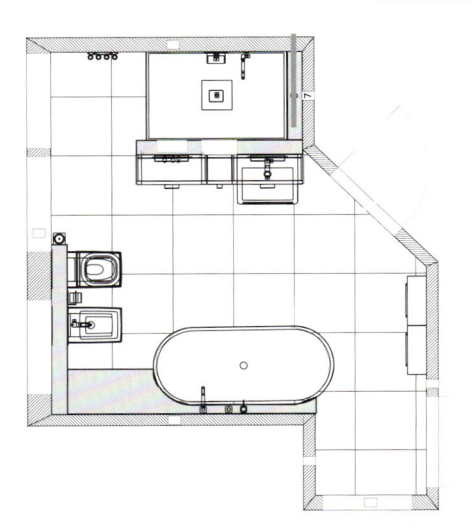

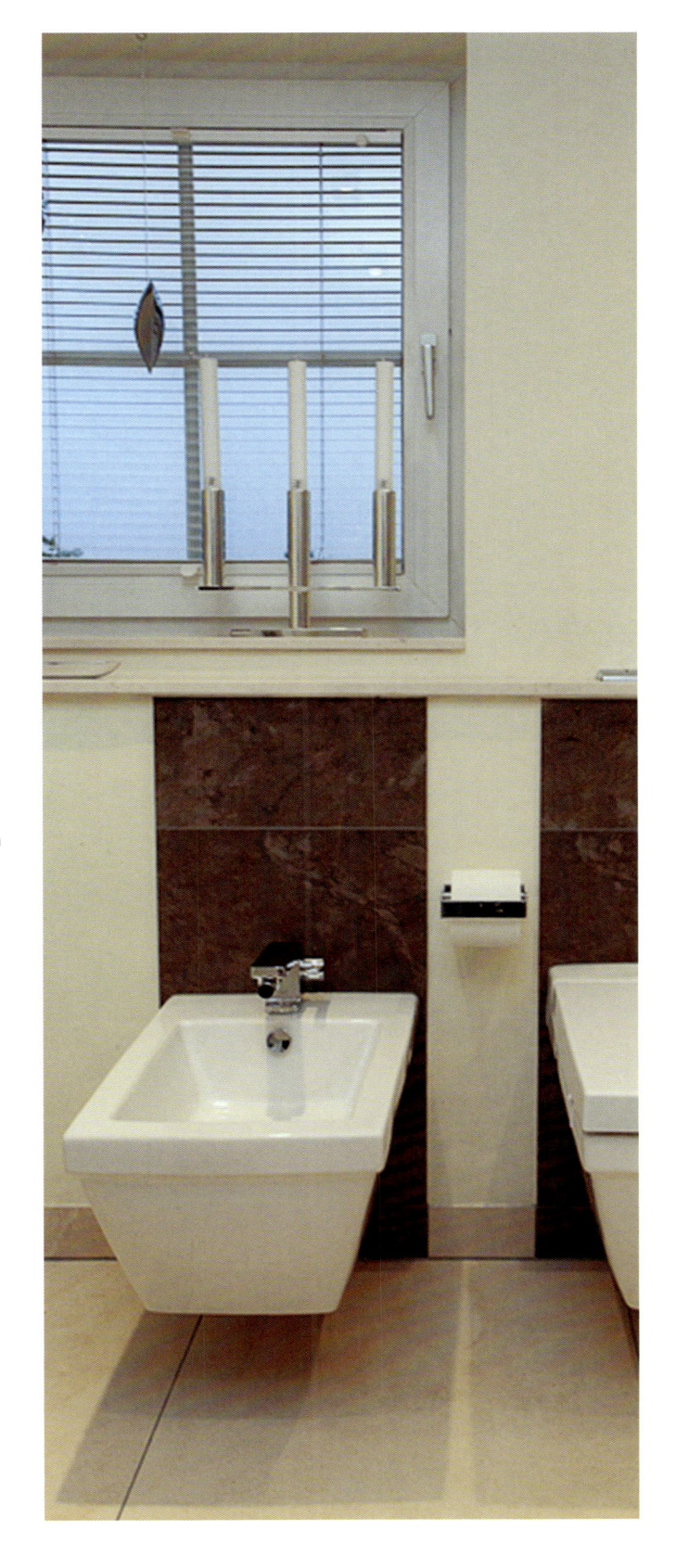

Klare Linien in einem Bad unterm Dach

Eine strenge Architektursprache und klare Aufteilung zeichnet das schlauchartige Bad unter dem Dach aus. Das ruhige Bad, das auf sandfarbenem Naturstein setzt, erhält in der Dusche einen reizvollen Bruch mit Mosaik und Lichteffekt.

Ein wenig Pech mit der Immobilie führte an dieser Adresse am Ende zu einem völlig neuen Bad mit ansprechender Architektur – schöner als je vorgesehen. Kurzer Blick zurück: Die vorangegangene Haussanierung in einem angesagten Szenestadtteil war misslungen, die Statik aus den Fugen geraten. Konsequenz: Teilneubau – für die Eigentümer im Dachausbau bedeutete dies eine neue Badlösung, die weit über das ursprünglich Geplante hinausging. Die Federführung lag nun beim beauftragten Badstudio, das für ein rundum stimmiges, makelloses Ergebnis sorgte.

Wenn man noch einmal neu bauen dürfte ... Für die Eigentümer dieses Dachausbaus wurde dies zur Realität und sie konnten Mängel der Ursprungssituation durch einen neuen Plan beseitigen. So wurde vor allem der Duschbereich großzügiger gestaltet und bekam mit einer ungewöhnlich breiten, verschiebbaren Glasabtrennung ein optisches Eigengewicht. Die satinierte Glasschiebetür hinter einem fest stehenden Glaspaneel lässt sich wahlweise vor die Dusche oder die WC-Nische schieben und verdeckt somit immer einen der beiden Bereiche. Diese Fläche wurde um eine Podeststufe angehoben, was den bodengleichen Zugang unter die Brause ermöglicht und den Bereich architektonisch mit großer Geste auftreten lässt, statt ihn in Nutzungssegmente zu zerteilen. Sorgfältig im Großformat verlegte Platten – mit so geringen Fugen wie möglich – tragen das ihre bei. Sie lassen den Boden in der Dusche wie auch in der WC-Nische nebenan als homogene Einheit erscheinen. Kleine dekorative Fingerübung: In der

ᵛ Der Himmel ist zweifellos aus der Wanne immer im Blick. Die Nische unter dem Dachflächenfenster erleichtert das Ein- und Aussteigen.

> Die Dusche verblüfft mit waagerechten Fliesenstreifen und der asymmetrisch platzierten Ablage mit buntem Mosaik.

129

Dusche ist die Ablagenische mit Glasmosaik in verschiedenen Farbstreifen ausgekleidet. So viel Buntheit durfte schon mal sein in einem Bad, das sonst ganz und gar vom Beige der Limestoneplatten plus Weiß geprägt ist.

Der Waschtisch mit den beiden minimalistischen Aufsatzbecken ist das geradlinige Zentrum des schlauchartigen Badezimmers. Und der Waschplatz kommt ohne Unterbaumöbel aus: Stauraum ist überaus reichlich in einem Wandschrank mit Apothekerauszug rechts und weiteren maßgefertigten Modulen links untergebracht. Die Möbel und Regale vom Tischler nutzen perfekt jede Nische unter den Schrägen. Symmetrie lautet das gestalterische Credo des Badstudios an dieser Stelle, und die eindeutige Architektursprache tut dem Bad sichtlich wohl. Das Lichtband ist eine große Querachse über dem Spiegel, die Einbaumöbel flankieren ihn beidseitig wie dunkle, edle Säulen, und der Waschtisch ist dank der Wandarmaturen frei von zusätzlichen Installationen neben den schlichten, geometrischen Becken: Ein gewisser strenger Purismus zeichnet die beiden Bauherren aus. ◆

‹ Das Podest im Hintergrund schirmt Dusche und WC mit einer wahlweise zu schließenden Glasschiebetür ab.

^ Kubistische, klare Linie am Waschplatz. Unter der Schräge setzt sich dieser mit Stauraummöbel und Ablagen fort.

„Aus der Wanne schaut man in den Himmel, das fasziniert immer wieder aufs Neue."

Grundriss Maßstab 1:75

Waschbecken: Duravit
Badmöbel: Maßanfertigung
Armaturen: Vola
Regenbrause: Hansgrohe
Ablaufrinne in der Dusche: Tece
Einbauwanne: Kaldewei
Glasmosaik in der Dusche: Bisazza
WC: Villeroy & Boch
Heizkörper: Zehnder
Beleuchtung über dem Spiegel: RIBAG
Kosten: ca. 50.000 Euro

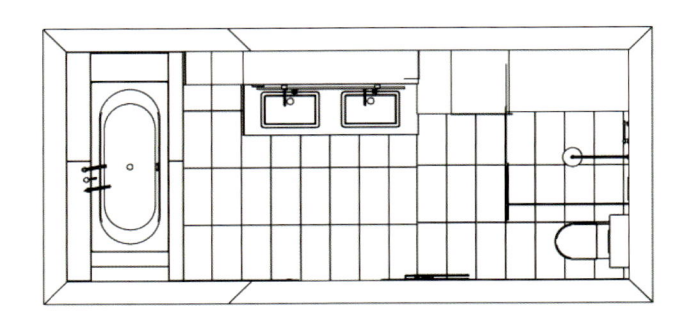

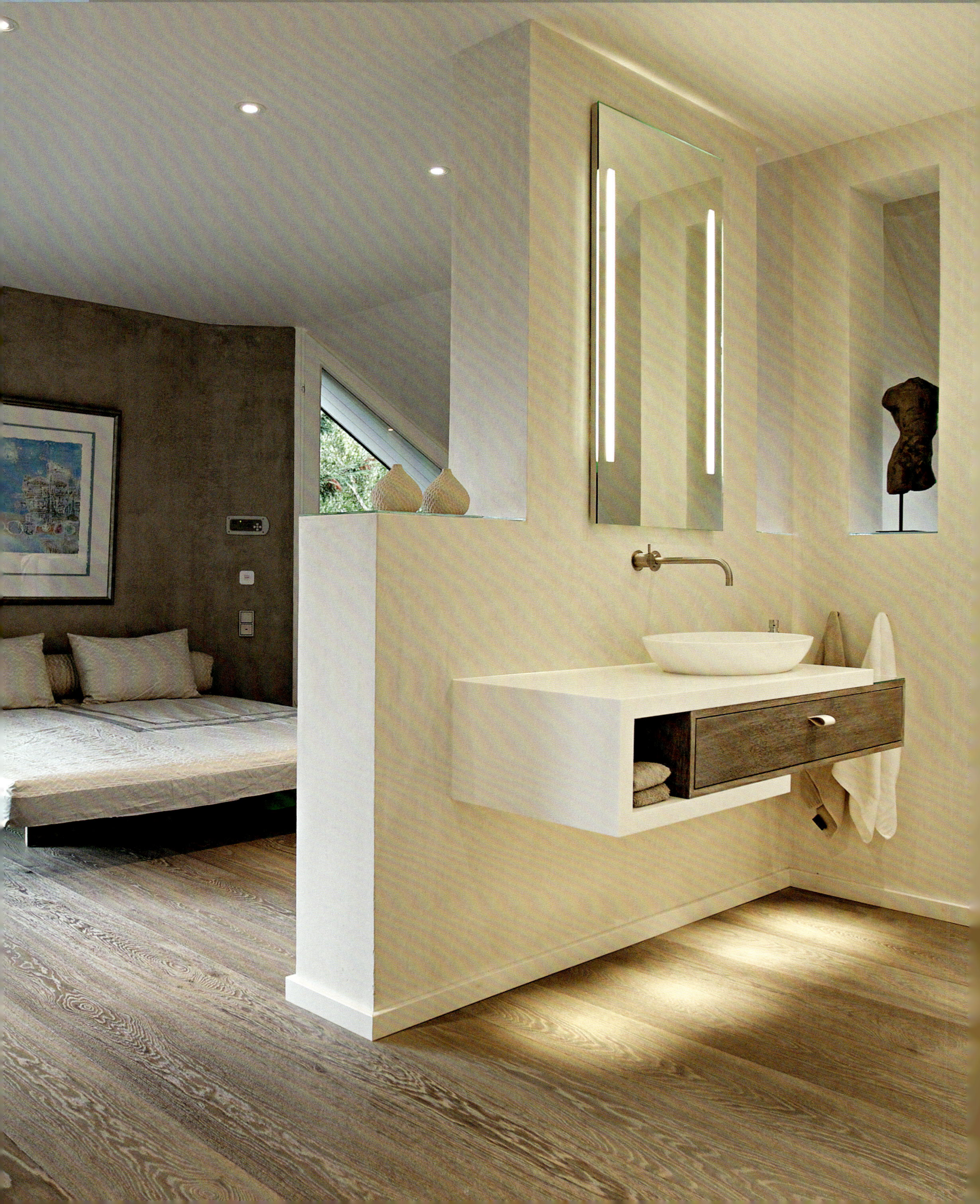

Das offene Wohnbad

In einem Architektenhaus von 1980 galt es, mehr Transparenz und eine flexible Nutzung durch Umbauten rund um das Bad zu verwirklichen. Der Badplaner und die Innenarchitektin setzten dieses Projekt erfolgreich in die Praxis um.

Wie die Zeit vergeht: Was gestern noch ein repräsentatives Architektenhaus war, wirkt heute überholt und beklemmend. Einschränkungen, die viele bei Altbauten der Vorkriegszeit tolerieren, wirken bei Häusern aus den 70er- und 80er-Jahren inakzeptabel. Aus diesen Gründen gewinnen heute Badstudios an Bedeutung, die ihren Kunden nicht nur bei der bloßen Auswahl der Einrichtungsgegenstände helfen, sondern vielmehr konzeptionelle und bedürfnisorientierte Gesamtlösungen für den Badumbau bieten. In diesem Fall sorgte der Badplaner für ein zeitgemäßes Badvergnügen bei den Besitzern eines Einfamilienhauses Baujahr 1980.

Die Ansprüche und Erwartungen der Kunden an ihr neues Wohlfühlbad betrafen in erster Linie ein Zusammengehen des Bads mit dem elterlichen Schlafzimmer und dem Wunsch nach einer offenen Lösung für die gesamte Räumlichkeit. Transparenz und Weitläufigkeit für die Nutzung zu jeder Tages- und Nachtzeit und mit Blick in die Zukunft, lauteten die erklärten Ziele. Die Architektur sollte sich den Bedürfnissen der Nutzer anpassen und nicht umgekehrt. Diese Vorga-

< Das Wohnbad ist offen: Dielenboden und Putzwände gehen fließend in Bad- und Schlafbereich ineinander über.

^ In der Schräge ist Stauraum eingebaut. Die Sockelleiste dient mit LED auch als Nachtbeleuchtung am WC.

ben erfüllten die Planer, unter anderem mit einem selbst entworfenen Waschtisch vor einer neuen Raumteilerwand. Diese drängt sich dabei nicht als Barriere auf, sondern wirkt mit ihren Durchbrüchen leicht und transparent. Die offenen Bereiche bieten zusätzliche Ablagefläche. Geschickt erfüllt der Raumteiler verschiedene Funktionen. Die neu entstandene Wand strukturiert den Raum und hat sowohl eine statische als auch eine technische Funktion, da sich in ihr die Anschlussleitungen verbergen.

Zentrale Wünsche bei einer anspruchsvollen und zeitgemäßen Umgestaltung des Bads waren auch hier ein großzügiger Duschbereich mit Regenbrause und der sparsame Einsatz von Fliesen, verbunden mit einem durchdachten Lichtkonzept. Durch die Kombination aus Fliesen im XL-Format – lediglich in der Dusche eingesetzt –, aus aufwendig geputzten Wänden und wohnlichen Holzdielen im Kontrast erzielten die Planer eine großzügige und luxuriöse Anmutung des Raums. Als architektonischer Übergang zu den Holzdielen wurde vor der großzügigen Dusche ein flaches Podest konstruiert. Durch die dezent indirekte Beleuchtung wirkt es leicht und schwebend. Ein weiteres Detail in der Lichtplanung ist die durch einen Bewegungsmelder gesteuerte LED-Beleuchtung unterhalb des Waschtischs und im WC-Bereich. Sie dient nicht nur dem wohnlichen Effekt, sondern nachts auch als sicherer Wegweiser.

∧ Der Waschtisch ist eine Eigenserie des Badstudios und besteht aus Holz und Mineralwerkstoff mit einer kleinen Glasablage.

Grundriss Maßstab 1:125

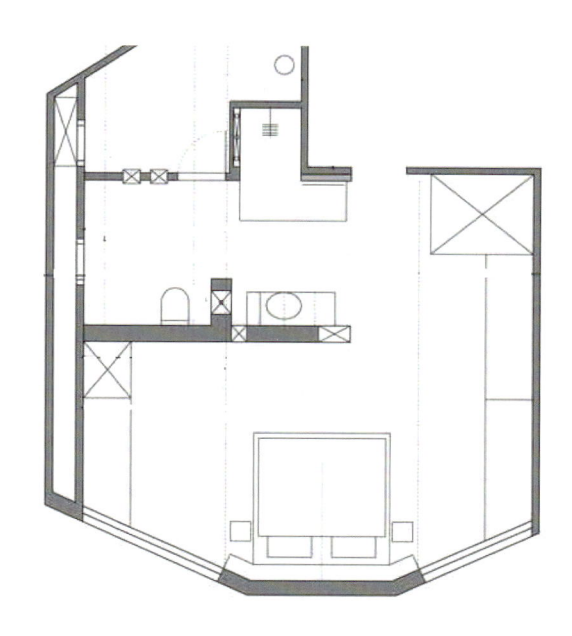

Waschtischanlage: Eigenserie „Bad.e.Quine"
Armaturen, Regenbrause: Vola
Wandputz: Terrastone
Ablaufrinne in der Dusche: Tece
Wandeinbauschränke: Maßanfertigung
Kosten: keine Angaben

› Zwei Hochschränke neben der Tür zur Ankleide sind mit Steckdosen ausgestattet: praktisch für kleine Elektrogeräte und Akkus.

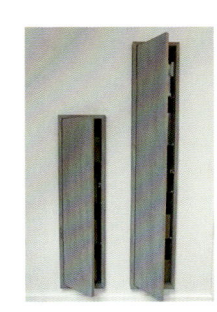

„Wir wünschten uns eine moderne und offene, dabei wohnliche Raumlösung."

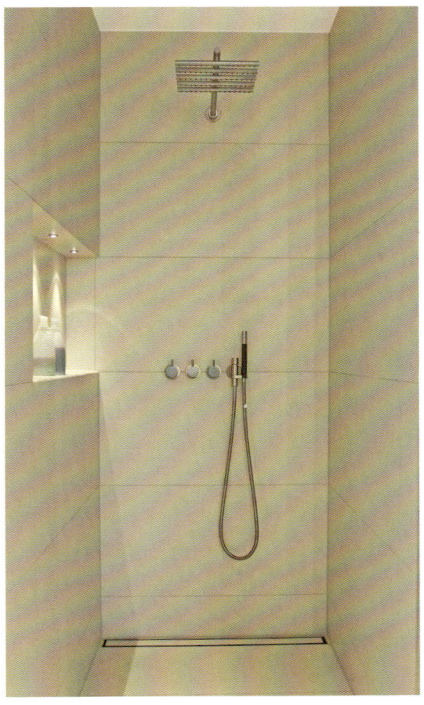

ʌ Großformatiges Feinsteinzeug und eine diskrete Ablaufrinne am Ende der Duschfläche.

‹ Das Podest vor der Dusche wirkt wie schwebend.

Mit Blick auf den Zürichsee

Baden, saunen und entspannen: den Zürichsee stets vor Augen. Die Badplaner arrangierten diese Wohlfühlinsel um eine spektakuläre Holzbadewanne, ihre Eigenkreation.

Frei stehende Badewannen ziehen Blicke auf sich, sie sind Solitäre mit Anspruch, ein wenig vielleicht Filmstars vergleichbar. Vor allem, wenn sie wie hier aus einem besonders edlen und selten gesehenen Material gefertigt ist, handschmeichelnd weich in den Konturen und harmonisch von jeder Seite aus anzuschauen. Der Grund, warum die frei stehende Wanne in diesem Bad allerdings um Aufmerksamkeit konkurrieren muss, ist schlicht das Ambiente: Gleich dahinter fließt die Aussicht den Hang hinunter zum Zürichsee, das Alpenpanorama reckt sich am Horizont. Aus dem Badesee in seiner fast schwarzen Schale schaut der genussvoll in der Wanne Liegende ungehindert durch eine wandgroße Glasscheibe ins Freie, ja, ist im Grunde genommen fast im Freien. Mit den fernen Segelbooten und Luxusyachten im Blick kann sich der Besitzer nun als Kapitän in seiner eigenen Wanne fühlen.

„Für mich standen Großzügigkeit und Transparenz obenan."

Die Wanne – optischer Dreh- und Angelpunkt der Badplanung in dieser neu gebauten, zweigeschossigen Terrassen-Villa am Hang – ist ein handgefertigtes Einzelstück. Wie alle Wannen „Laguna" aus dem Hause der Planer, die sich auch als Designmanufaktur und Einrichter verstehen. Das augenfällig exotische Holz ist ein Alpi Makassar, das in einem Hightech-Beschichtungsverfahren veredelt und wasserdicht gemacht wurde. Die markante Maserung vermittelt den Eindruck einer Strömung im festen Material, was an die Lebendigkeit fließenden Wassers erinnert. Das hier eingesetzte Modell ist im Übrigen in verschiedenen Holzarten zu haben. Das in diesem Fall fast schwarze Holz, grau gemasert, verwendeten die Planer auch beim Waschtischmöbel. Die Holzakzente setzen bewusste Kontraste zum sandfarbenen, matten Tra-

ᐯ Von der frei stehenden Wanne aus Makassar-Holz hat man immer den Zürichsee vor Augen.

> Im Durchgangsbereich vom Wohnen zum Saunabad/Schlafen schafft fein schraffierter Naturstein viel Stimmung.

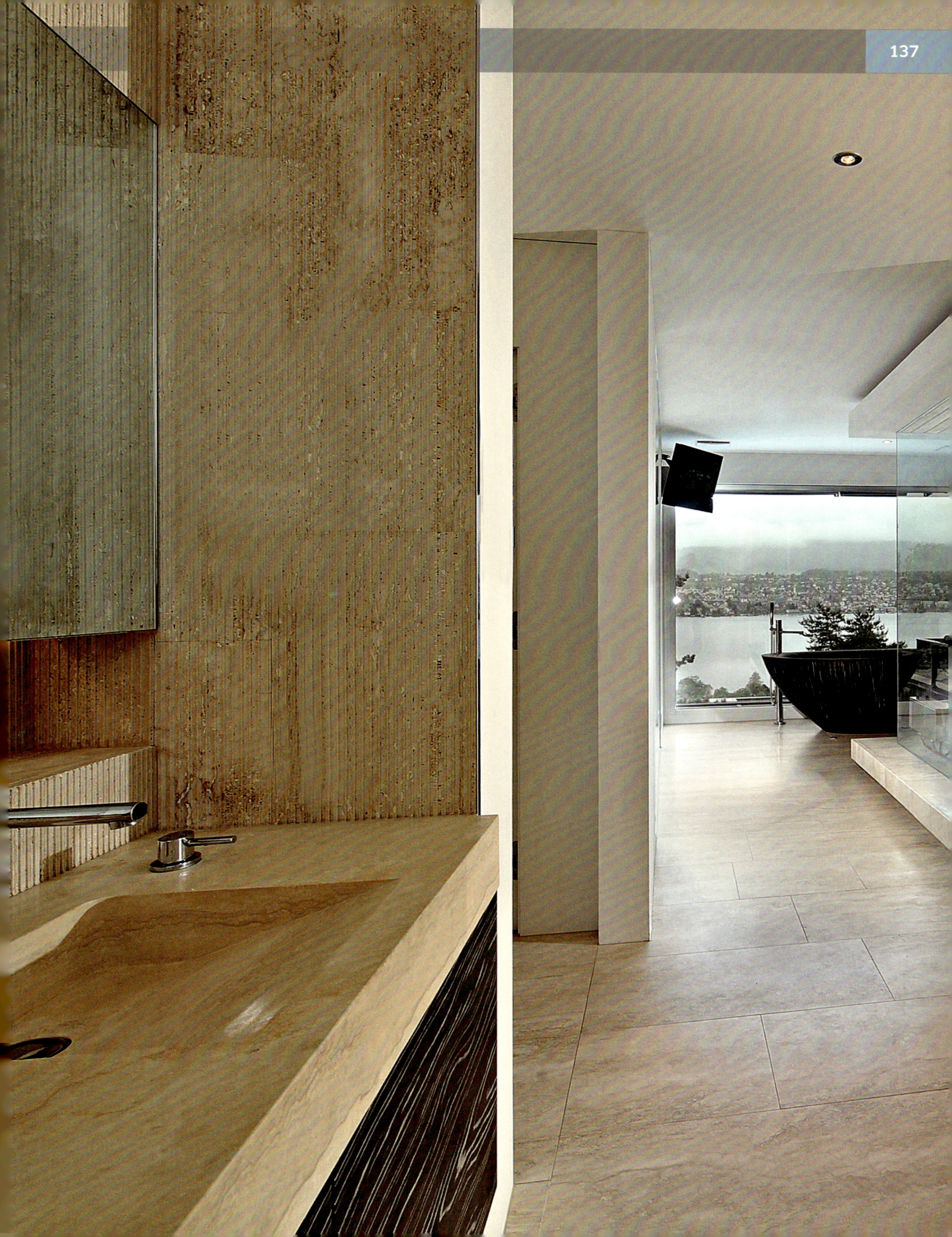

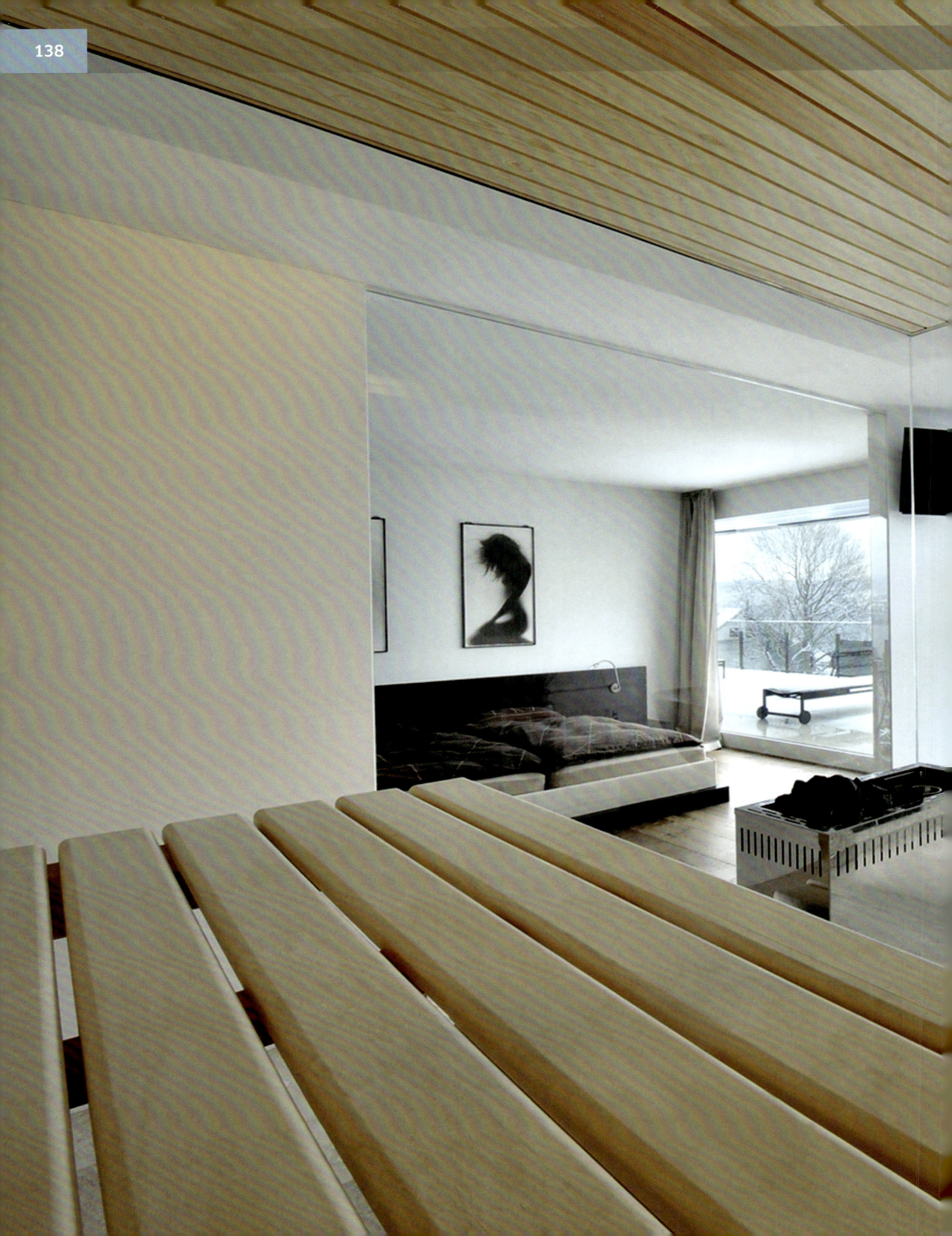

139

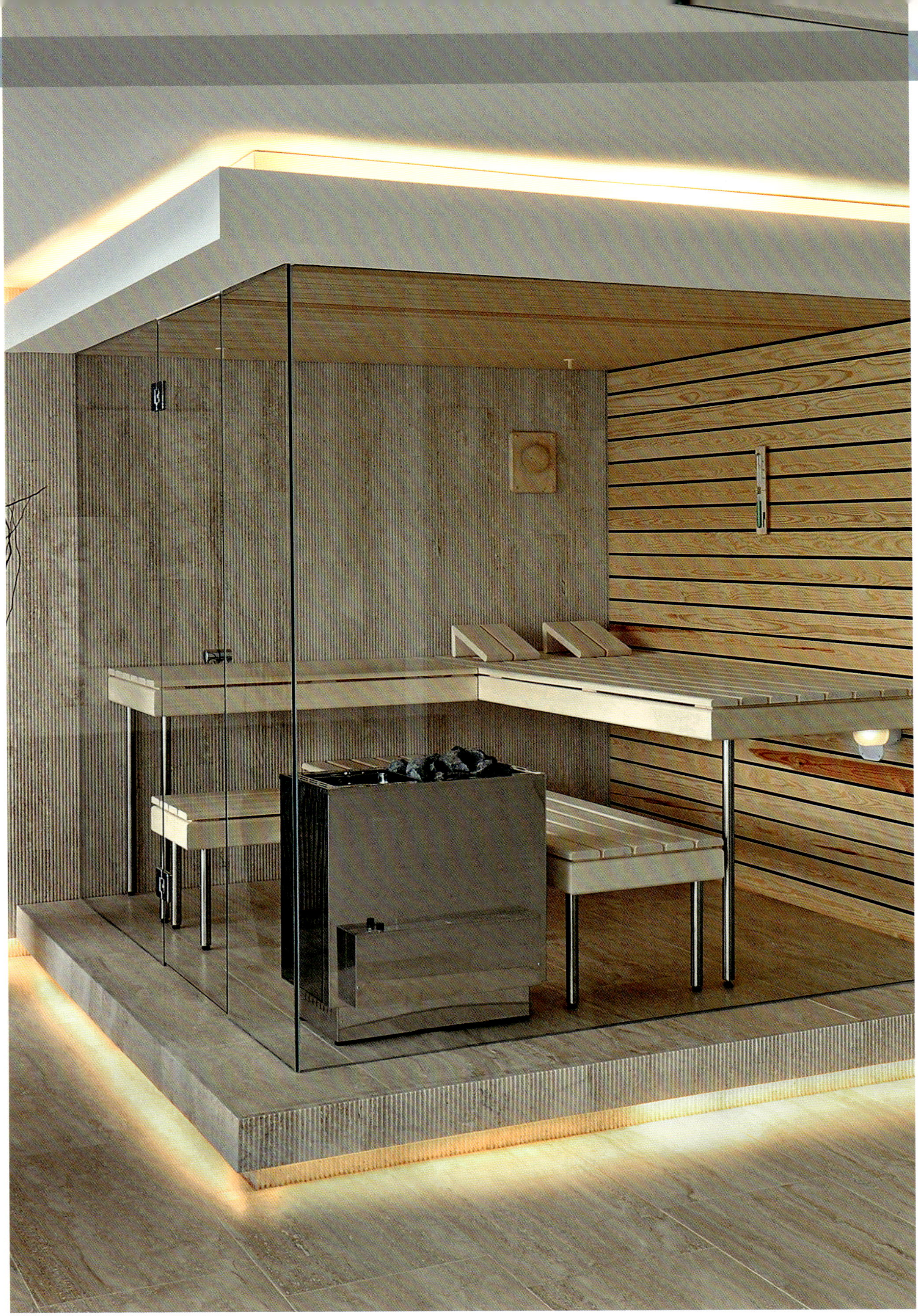

‹ Aus der voll verglasten Saunakabine gibt es vielfältige Blickbeziehungen: zum Bett, auf den TV-Monitor unter der Decke, in die Natur vor den Fenstern.

Holzbadewanne: Bagno Sasso
Armaturen in der Dusche: Vola
Waschtischarmaturen, frei stehender Wannenmischer: Gessi
Sauna: Küng
Kosten: keine Angabe

vertin an Wänden und Boden, der zur warmen, ausgeglichenen Farbigkeit beiträgt. Wie das Holz zeigt der offenporige Sedimentstein ein unverwechselbares Bild von Maserungen, und eine feine Rillenbearbeitung verstärkt diesen Eindruck von Lebendigkeit. Stein ist auch für die maßgefertigten Waschbecken verarbeitet worden, hinter die eine indirekte Beleuchtung gesetzt wurde. Nichts stört auf der Wand die Optik minimalistischer Architektur.

Der Bauherr – ein ehemaliger erfolgreicher Spitzensportler – wünschte sich moderne Technik und großstädtische Architektur. Das erfüllten die Badprofis umfassend, denn kubische Grundformen und offene Raumaufteilung prägen das Raumensemble aus Dusche und Waschplatz, Sauna und Wannenplatz – mit Blickbeziehung zum Schlafen nebenan. Für eine optimale Trennung der Klimazonen wurde eine raumgroße Glasscheibe zwischen das rund 38 Quadratmeter große Wohlfühlbad und den Schlafraum gesetzt. Die gläserne Sauna offenbart sich dem im Bett Liegenden und bietet wie die Wanne volles Zürichsee-Panorama. ◊

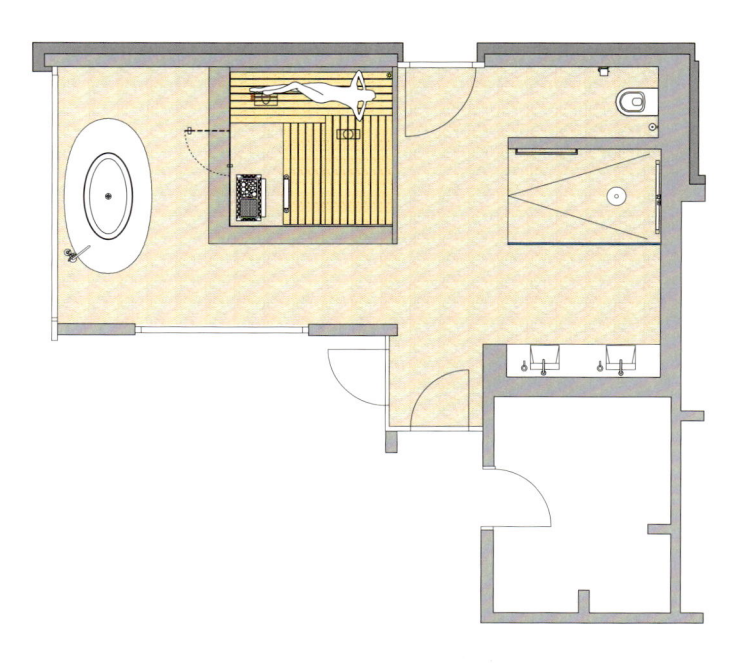

Grundriss **Maßstab** 1:100

Modern, gemütlich, vernetzt

Einfach ein wohnliches Bad mit warmer Ausstrahlung wünschte sich ein Bauherrenpaar in Niedersachsen. Das engagierte Badstudio fand ein charmantes Konzept mit Luxus auf den zweiten Blick.

Behaglichkeit und schlicht-moderne Technik, Wohnqualität und Design – auch im Bad geht das zusammen, wenn man das Ergebnis dieser Renovierung im nordwestlichen Niedersachen betrachtet. Aufenthaltsqualität bieten ein moderner Polstersessel und eine spontan einladend „weich" wirkende frei stehende Wanne, ausdrucksstarker Naturstein und sorgfältig manuell beareitete Wände sowie eine wohnliche Fensterdekoration – das sind die gemütlichen Zutaten im Konzept der Badspezialisten. Dazu kommen die kompromisslos zeitgemäße, bodengleiche Dusche, eine raffinierte Lichtinszenierung und Medien: TV und Audio – was das Bauherrenpaar nicht missen mochte.

Das Wohnbad steckt voller Komfortdetails, die oft erst auf den zweiten Blick offenbar werden – vielleicht ein Zug norddeutscher Zurückhaltung. Der große, individuell angefertigte Waschtisch hat Schubladen mit Beleuchtung, die sich beim Öffnen einschaltet. Die asiatisch anmutenden Flächenvorhänge an den Fenstern und der Terrassentür senken sich aus einer Tasche in der abgehängten Decke herab und verschwinden dort auch wieder – ohne störende Stoffpakete. Die bodengleiche Dusche hat einen dezent an die Rückwand verlegte Linienentwässerung, woraufhin die optische Großzügigkeit der Bodenplatten (1 x 1 Meter) auch in diesem Bereich gewahrt bleibt. Eine ausgeklügelte Lichtinstallation sorgt an verschiedenen Stellen im Raum für getöntes Stimmungslicht – mal farbiger, mal cooler, je nach Tageszeit und persönlichen Bedürfnissen. Funktionales Licht ist für Kosmetik am Waschplatz und als Orientierungslicht bodennah organisiert. Ein gerundetes Podest fasst den Wannenplatz halb ein und bietet sich auch als zusätzliche, spontane Sitzgelegenheit an. Ein Wohnbad mit Aufenthaltsqualität, wie gesagt.

⌃ Die muschelförmige, frei stehende Wanne wird von einem Ablagepodest und dem gemütlichen Sitzplatz eingerahmt. Im Hintergrund: Mediengenuss.

⌃ Doppelwaschtischanlage mit Natursteinabdeckung und zwei schwenkbaren Wasserausläufen.

⌃ Die grazile Armatur lässt sich über dem Waschbecken nach Wunsch ausziehen und schwenken.

< Ein halbhoher Raumteiler schirmt das WC ab. Lichtinstallation sorgt für reizvolle Effekte, der Bogen des Ablagepodests korrespondiert mit der Wannenform.

Waschtischanlage: Alape
Waschbecken: Agape
Waschtisch mit Steinplatte, Schränke: Maßanfertigung
Waschtischarmaturen: Dornbracht, Ritmonio
Regenbrause, Duscharmaturen: Dornbracht
Wanne: Rapsel
WC, Bidet: Duravit
Beleuchtung im Raum: Bernd Beisse
Spiegelleuchten: Decor Walther
Kosten: ca. 95.000 Euro

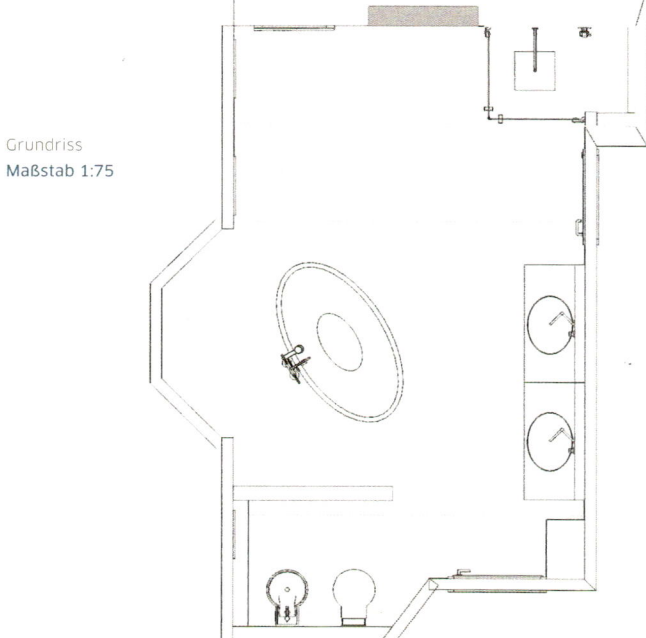

Grundriss
Maßstab 1:75

„Baden, fernsehen, Musik hören – das gehört für mich irgendwo zusammen."

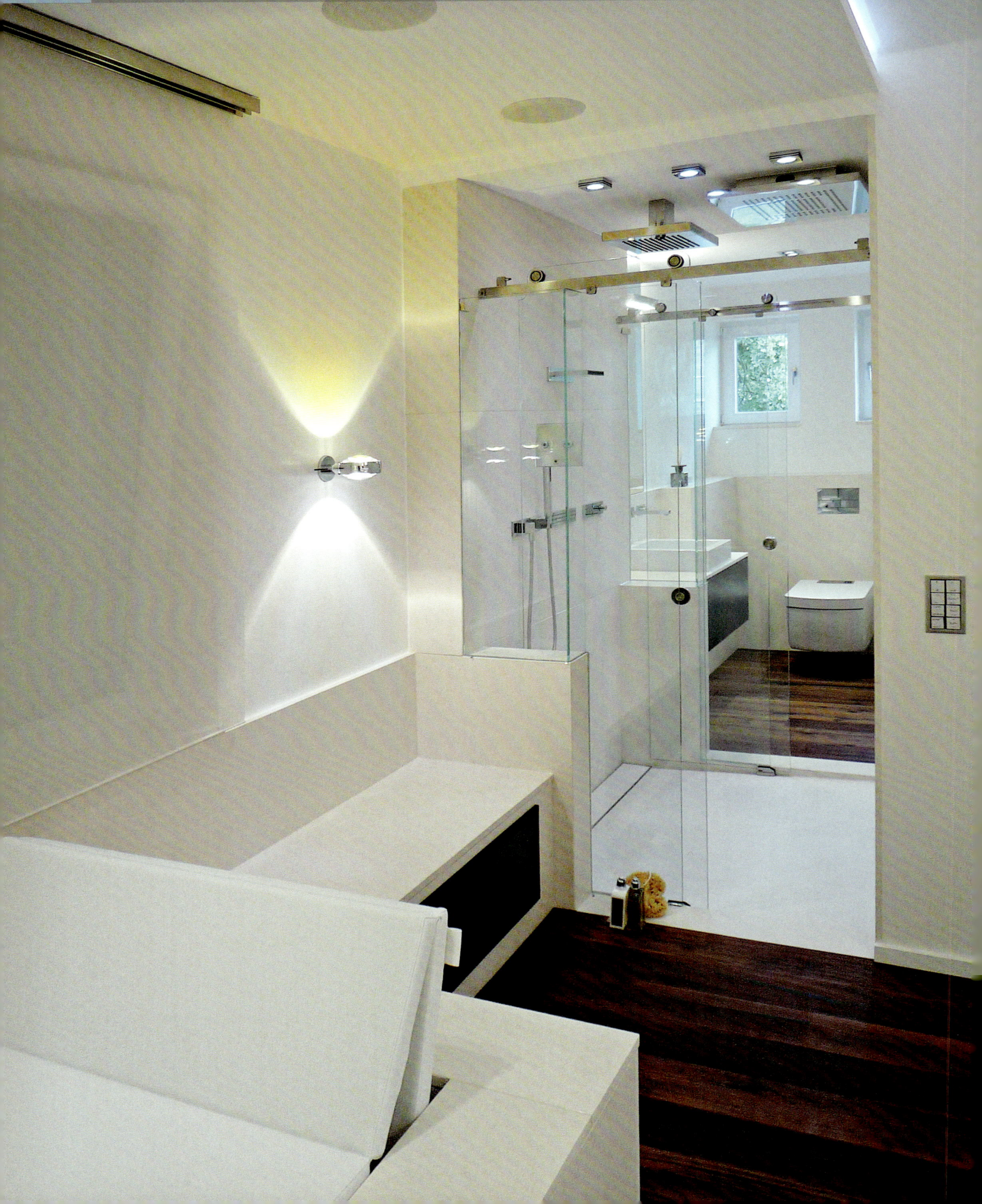

Durchbruch zu neuem Badgenuss

Eine Erweiterung nach nebenan bescherte diesem Bad eine ganz neue Qualität: eine Luxusdusche im Transit. Der Badspezialist sorgte darüber hinaus für vielseitige, sensible Lichtinszenierung.

Ein Blick auf den Wohnungsgrundriss zeigt in den meisten Fällen: Das Bad ist der kleinste Raum, ob im Altbau oder Wohnungsbau des Wirtschaftswunders, selbst in neuen Eigentumsprojekten fristet es oft ein Schattendasein. Der Blick auf den Bauplan zeigt aber auch: nebenan ist Platz, vielleicht ein kaum genutzter Raum, ein ehemaliges Kinderzimmer, eine Kammer. So auch in diesem rund 100 Jahre alten Einfamilienhaus, wo sich die Besitzer auf nach neuen Ufern für ihr künftiges Wohlfühlbad machten – und diese just hinter einer Wand gefunden hatten. Durchbruch, neue Raumaufteilung: Ein ambitioniertes Programm startete, erschwert durch alte Balkenlage und nicht mehr zeitgemäße Haustechnik. Die Planer mussten eine Reihe technischer Herausforderungen meistern. Dazu gehörte die Verstärkung der Wasserleitung, Erhöhung des Wasserdrucks im Obergeschoss und Verbesserung der Statik. Dass es trotz aller Hindernisse doch klappte und den Bauherren eine luxuriöse Duschanlage und ein attraktives Bad für genießerische Stunden bescherte, ist das Happy End nach drei Monaten Umbau. Worüber sich die Besitzer besonders freuen: das neue Parkett aus Tigereiche.

< Stilprägend für dieses schlauchartige Bad: die Durchgangsdusche. Mit zwei Regenbrausen und Schwallauslauf.

∧ Das nicht allzu große Bad nutzt den Platz mit einer Abdeckung für die Wanne, die damit zur Ruheinsel wird.

„Unser Wohlfühlbad sollte auf jeden Fall Naturmaterialien enthalten – das ist mit dem Parkett gelungen."

Zwischen dem runderneuerten, alten Badezimmer und dem Raumgewinn nebenan vermittelt jetzt eine Duschanlage als beiderseits erreichbare Durchgangszone. Ein Frischetransit, der es in sich hat: Die Elektronik der neuen Dusche beschert wechselnde Brause-Erlebnisse von weich und schmeichelnd bis kräftig und belebend, und das höchst individuell: Unter dem Begriff „Ambiance Tuning Technique" (abgekürzt ATT) bietet diese Dusche verschiedene Darreichungsformen von Wasser, die sich persönlich programmieren und vom Dusch-Fan je nach Laune abrufen lassen. Der Wechsel zwischen diesen Brause-Ereignissen kann man als Abfolge von Dusch-Szenarien bezeichnen. Lichtwechsel im Tropenregen oder unter dem Frischekick gehören dazu, und eine installierte Tontechnik im gesamten Bad untermalt das Baderleben.

Entspannung steht als Motto über dem Badkonzept. Die Wanne bietet nicht nur das, was man von einer gefüllten Wanne gemeinhin erwartet. Das Modell hat auch eine dazu passende gepolsterte Abdeckung, die eine extra Liegefläche bietet und darüber hinaus LED-Technik für verschiedene Farblichtstimmungen. Diese Lichtdramaturgie wird unterstützt durch die Wandleuchten mit differenzierten Lichtkegeln, die über die Wände streicheln: warm-gelb nach unten, weiß nach oben (wie ein Deckenfluter). Eine Licht-Voute in der Deckenabhängung und eine beleuchtete Ablagenische an den Waschtisch-Solitären bieten weitere Beleuchtungseffekte, die je nach Funktion (am Waschtisch neutrale Lichtfarbe) oder Stimmung gesteuert werden können. Dazu spenden Downlights neutrale Grundbeleuchtung. Wie sich das Bauherrenpaar wünschte, präsentiert sich das Bad technisch auf neuestem Stand.

∧ Die Wanne geschlossen mit der faltbaren Abdeckung. Hinten reizvolle Lichteffekte mit dem Wandstrahler und einem Filter.

Waschtische: Alape
Wanne mit Abdeckung: Duravit
Stauraummodule: Sonderanfertigung
Armaturen, Duschanlage mit Elektronik: Dornbracht
WC: Toto
Leuchten über Spiegel: Decor Walther
Wandleuchten (mit Lichtkegel): Occhio
Heizkörper: Zehnder
Lautsprecher in der Decke: Bose
Kosten: ca. 110.000 Euro

^ Stimmungslicht ist wesentlich für das Wohlfühlbad. Steuerbare Lichttechnik macht's möglich ...

^ ... und moderne LED-Technik, die sich für Farblicht-Szenarien besonders gut eignet. Auch in der Wanne.

Grundriss **Maßstab 1:50**

Das Beste für die Gäste

Das Minibad des Gästeapartments in diesem Einfamilienhaus kommt groß raus: Nach der gelungenen Sanierung ist das allein schon ein Grund, sich bei den Bauherren in Oberbayern einzuquartieren.

Raumreserven können einem Haus zu einem zweiten Leben verhelfen: Plötzlich werden neue Nutzungsmöglichkeiten entdeckt, Struktur und Funktionen der Räume überdacht, manchmal kehrt auch neues Leben in die alten vier Wände ein. Vorausgesetzt, man aktiviert diese Reserven. In einem Einfamilienhaus wurde eine solche „stille Reserve" im Keller entdeckt: Der Abstellraum gab seine Fläche für ein Bad, und zusammen mit dem neu geschaffenen Gästezimmer daneben wertet die Sanierung das ganze Haus auf.

ᵛ Stimmige Gestaltung mit ein paar durchgängigen Prinzipien: warme Töne, differenziertes Licht, gut geplante Einbauten für Stauraum und Ablagen.

› Die ehemalige Haustechnik im rückwärtigen Kellerraum wurde an andere Stelle verbannt, dafür ein begehbarer Schrank mit Spiegel gewonnen.

Gastlichkeit im Keller? Duschen mit Blick auf die Grasnarbe? Wer den Gästebereich in diesem Haus erlebt, freut sich an der wohnlichen Stimmung im Souterrain und staunt über das Maß an Badkomfort auf wenigen Quadratmetern. Der schmale Zuschnitt der alten Abstellkammer bedingte, dass die Funktionen in einer Zeile an nur einer Wand aufgereiht werden mussten – aber dafür mit Attributen, die man in einem Gästebad nicht so leicht erwartet: Die Dusche ist ebenerdig eingebaut und die Duschabtrennung rahmenlos, damit keine Schwellen oder optischen Barrieren den kleinen Raum zergliedern; und die Ablauftechnik steckt in einem architektonisch geradlinigen Rinnensystem. Die klare Form der Dusche nimmt das puristische Waschbecken auf, die Wandarmatur darüber unterstreicht den hochwertigen Anspruch. Selbst das WC passt mit seiner kantigen Optik und flächigen Abdeckung per-

149

fekt in diese Formensprache. Fast selbstverständlich, dass auch der Stauraum das Thema strenger Geometrie aufnimmt: hier Wandeinbauschränke und Regale, dort ein kubisches Sideboard. Spiegelschrank und Regale setzen eine Ablagenische fort, die im Bereich der Dusche eingebaut ist.

„Unsere Gäste sollen sich wie zu Hause fühlen. Dazu gehört einfach ein perfektes eigenes Bad."

Die an das Duschbad/WC anschließende Kammer, in der ursprünglich Haustechnik untergebracht war, ließ sich räumlich nicht dem Bad zuschlagen, aber optisch aufwerten. Zwei Schubladenschränke links und rechts vom Durchgang bieten dem länger bleibenden Gast zusätzlichen Stauraum für seine Sachen und dazwischen prangt ein großer Spiegel, in dem man sich auch einmal ganz betrachten kann. Der gesamte Bereich wird von einer Schiebetür abgeschlossen. Deren satinierte Glasfüllung und schmaler Rahmen sind wohnlich elegant und lassen die Abtrennung wie einen Wandschrank wirken.

Die Farbstimmung mit großzügigen Feinsteinzeugfliesen an Wänden und Boden setzt auf Assoziationen von Sommersonne und Strand – so sandfarben-beige sind die Fliesen, unter denen am Boden eine Fußbodenheizung wärmt. Im Gästezimmer nebenan setzt sich die Urlaubsstimmung fort: Hier hat die Hausherrin Fundstücke von Reisen arrangiert. Gäste können kommen – aber gehen sie auch wieder?

Grundriss Maßstab 1:50

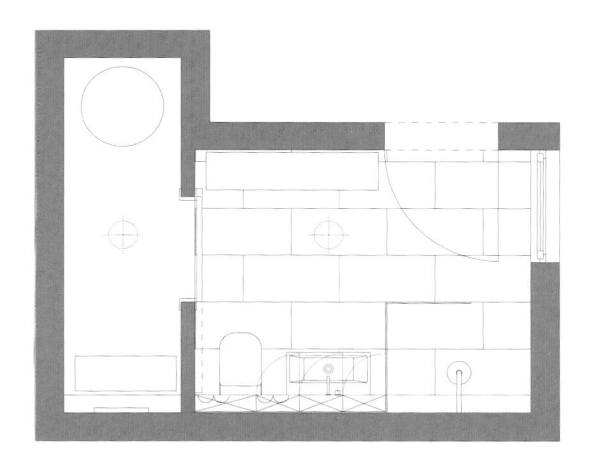

Waschbecken, WC: Catalano
Armaturen: Vola
Schränke, Spiegelschrank: Antonio Lupi
Kopfbrause: Hansgrohe
Bodenbündige Ablaufrinne in Dusche: Tece
Wandeinbaustrahler, Wandleuchte: Decor Walther
Kosten: ca. 25.000 Euro

> Mit Downlights beleuchtete und gefliese Einbaunischen findet man heute in vielen modernen Bädern. Sie sind praktisch und ein schöner Hingucker.

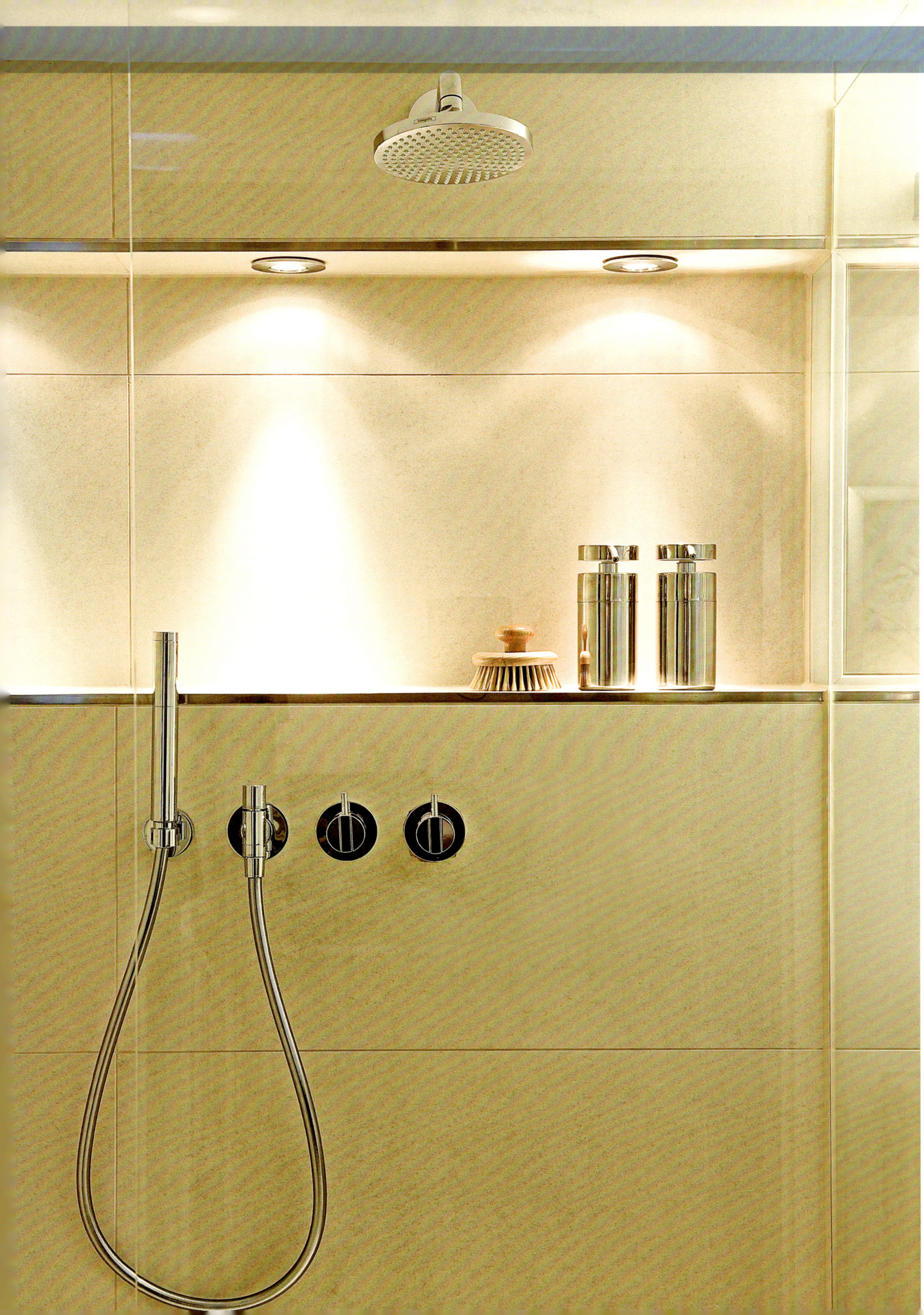

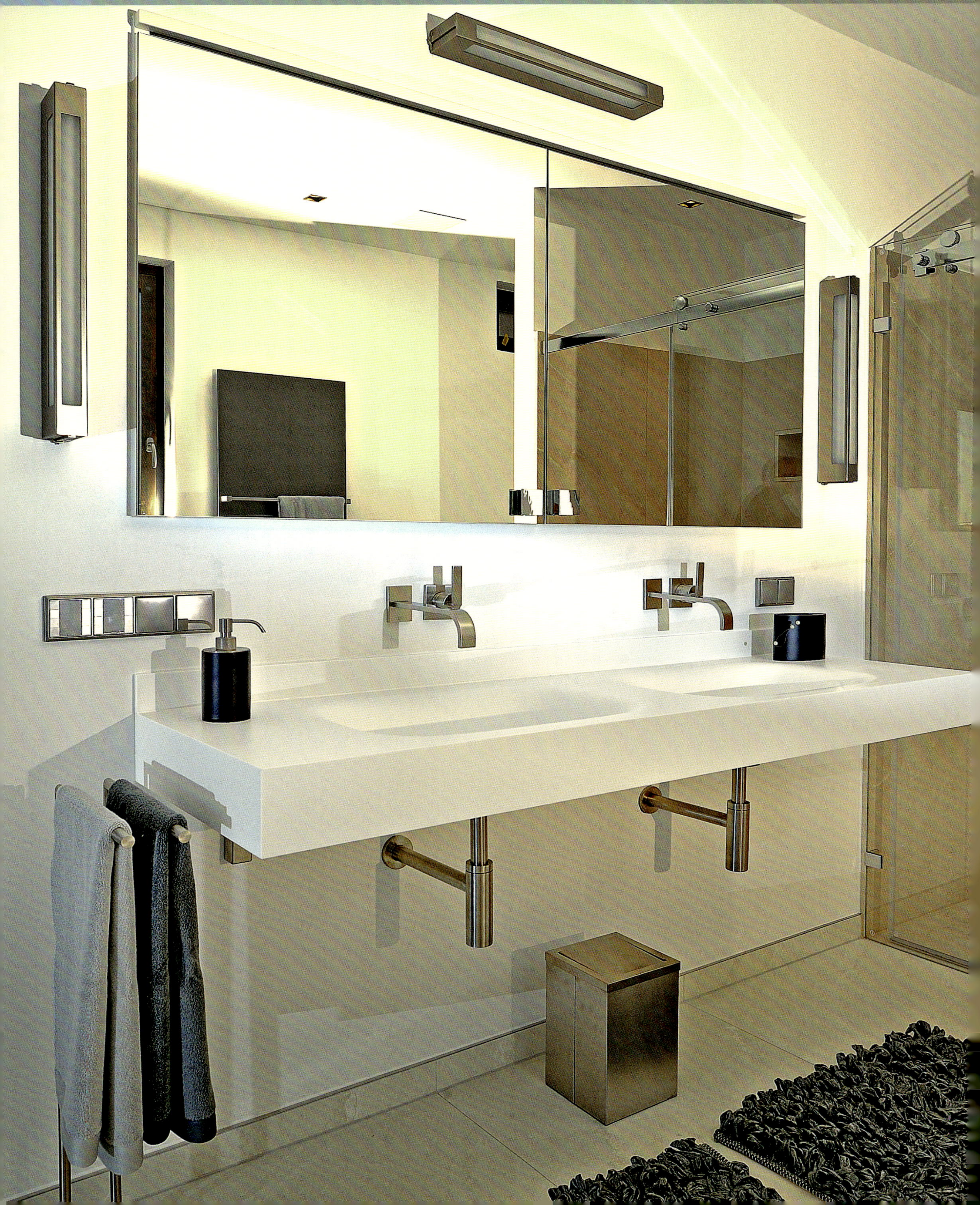

Über den Dächern: Wellness

Über den Dächern von Limburg verwirklichte ein Bauherr seinen Traum von Wellness: Ein regionales Badstudio installierte einen Wannenpool zum perfekten Relaxen und Bad- und Duschtechnik vom Feinsten. Ein Kran kam dabei auch zum Einsatz.

Manchmal muss es einfach ein bisschen mehr sein: mehr Blick, mehr Himmel, mehr Brausespaß – und vor allem ein Plus an Wannenkomfort. Im Loft dieses Bauherrn gehörte zur Verwirklichung seines Traumbads auch noch mehr technischer Aufwand als üblich dazu: der extra große Wannenpool schwebte per Kran in die Dachgeschosswohnung. Wie alles in diesem Luxusbad unter den aufmerksamen Augen eines regionalen Badexperten, der auch für die Planung zuständig war.

Die kreisrunde Wanne mit einem Innendurchmesser von ca. 1,8 Metern bietet selbst einem groß gewachsenen Mann wie dem Badbesitzer ein bequemes Eintauchen. Und im Gegensatz zu herkömmlichen Ovalwannen ist hier keine Richtung vorgegeben: Man kann mit dem Partner am Waschtisch kommunizieren, sich wieder dem Blick über die Dächer von Limburg zuwenden oder sich ganz dem wohltuenden Erlebnis von Wasser hingeben. Die sanft gerundeten Übergänge zwischen Innenraum und Korpus münden in Ablageflächen und machen die Illusion von einem kleinen Badeteich perfekt: eine Einladung zum Träumen im warmen Wasser. Der Hersteller der Mineralgusswanne hatte zuvor sogar ein Probemodell geliefert, um den Bau-

< Doppelwaschtisch aus Mineralguss: charakteristisch die weich geformten Wasserbecken. Rechts geht es ohne Barriere in die Dusche.

^ Ausblick aus der extra großen Wanne auf die Türme von Limburg: Da bleibt man gern etwas länger im Bad.

▲ Die Wanne ist ein XXL-Modell mit 1,8 Metern Innendurchmesser – da ist Badespaß garantiert. Im Korpus integriert: Stauraum für Accessoires.

herrn vom Liegekomfort zu überzeugen: passte perfekt! Ein Zusatznutzen ist im Korpus untergebracht: Ablagenischen für Lesestoff, Essenzen oder andere Dinge.

Während man aus der Wanne-mit-Blick eigentlich gar nicht wieder heraussteigen möchte, lockt doch am anderen Ende des lang gestreckten Bads eine zweite Wellness-Insel: der Duschbereich unter der Deckenbrause, die nicht umsonst „Big Rain" heißt. Ein großflächiger Regen aus mehr als 140 Düsen umfasst den Körper zur Entspannung, oder man schaltet um auf die Kopfbrause aus den zentralen Düsen, die einen konzentrierten Brauseguss zur Erfrischung schicken. Eine dezent verkleidete Ablaufrinne, symmetrisch angeordnete und beleuchtete Ablagen und ein ebenerdiger Zugang: der Duschbereich lässt auch unter Design-Gesichtspunkten keine Wünsche offen. Zum harmonischen Bild trägt bei, dass die Wände und der Boden der Dusche passend zu den angrenzenden Fliesen in einer sandfarbenen Tönung gespachtelt sind.

„Die optische Weite und ruhige Ausstrahlung begeistern mich jeden Tag neu."

Und es kommt noch mehr Wellness: Der aufgeschlossene Bauherr hat sich für den WC-Bereich eine der modernsten Technologien gegönnt, die derzeit zu haben ist: ein elektronisches WC mit Intimdusche, mit automatisch sich öffnender und schließender Abdeckung und mit einem angewärmten Sitz. Weitere technische Details tragen zusätzlich dazu bei, dass Badnutzung und Hygiene in diesem Traumbad völlig neu und mit einem überraschenden Mehr an Komfort ausgestattet sind. ◊

∧ Die bodenebene Dusche ist an den Wänden mit einem Spezialputz ausgekleidet, der viel natürliche Ausstrahlung hat. Rechts das WC mit der Duschfunktion u.v.m.

Grundriss Maßstab 1:50

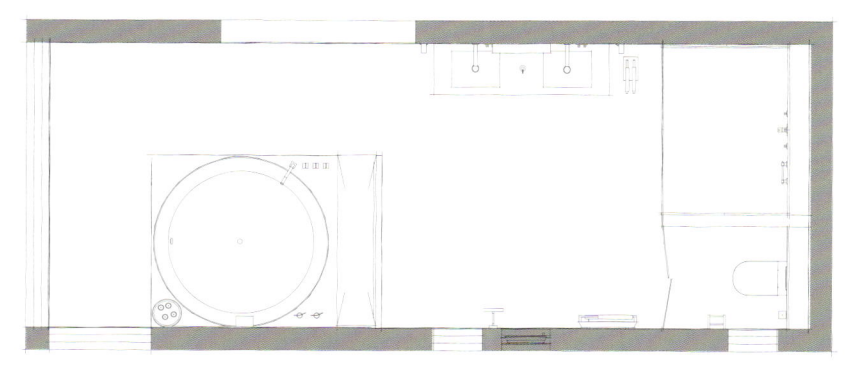

Wanne: Coers
WC/Washlet: Toto
Armaturen: Dornbracht
Waschtischanlage: Antonio Lupi
Glasabtrennung: HSK
Naturstein: Piba Marmi
Fliesen: Graniti Fiandre
Heizkörper: Bemm
Leuchten, Accessoires: Decor Walther
Kosten: keine Angabe

Adressen, Bildnachweis

BAD ELEMENTE
Mike Günther
Krohnskamp 15
22301 Hamburg
www.bad-elemente.de
Seite 132
Fotos: Mike Günther

badgestalten. GmbH
Peter Falk
Bloherfelder Straße 106b
26129 Oldenburg
www.badgestalten.com
Seite 142
Fotos: Peter Falk

Badkultur Beuttenmüller GmbH
Anja Beuttenmüller
Kronprinzstraße 12
70173 Stuttgart
Gerhard Beuttenmüller
Hafenbahnstraße 22
70329 Stuttgart
www.beuttenmueller.de
Seite 106
Fotos: Frank Pieth

bad manufaktur Thomas Roth KG
Thomas Roth
Wilhelmstraße 52
65183 Wiesbaden
www.badmanufaktur-roth.de
Seite 46, 50
Fotos: Frank Schuppelius

Bad & Mehr Eugen Büring GmbH
Jürgen Möllers
Bergstraße 69-70
48143 Münster
www.bad-und-mehr.com
Seite 18
Fotos: Stefan Leifken
Seite 22
Fotos: Janos Nowakowski
Seite 26
Fotos: Roland Borgmann
Seite 144
Fotos: Dirk Drossel

Bäder und mehr Nordmann GmbH
Heidrun Nordmann
Sarninghäuser Straße 9
31595 Steyerberg
www.nordmann-steyerberg.de
Seite 124
Fotos: Oliver Huck

Bäderwerkstatt Ines Tanke
Ines Tanke
Mainzerhofplatz 6
99084 Erfurt
Am Dorfplatz 4
99192 Apfelstädt
www.baederwerkstatt-tanke.de
Seite 70, 78
Fotos: Uwe Tanke

Bagno Sasso AG
Rolf Senti
Schulstraße 76
CH-7302 Landquart
Zürichbergstraße 80
CH-8044 Zürich
Juggasunna
CH-7050 Arosa
www.bagnosasso.ch
Seite 74, 112, 136

Boddenberg Die Badgestalter
Georg Boddenberg
Lützenkirchener Straße 391
51381 Leverkusen
Gottesweg 58
50969 Köln-Zollstock
Helene-Stöcker-Straße 4
51429 Bergisch Gladbach
www.boddenberg.net
Seite 120
Fotos: Bohna Design

Bukoll GmbH Bäder & Wärme
Gisela Bukoll
Fritz-Winter-Straße 16
86911 Dießen/ Ammersee
www.bukoll.de
Seite 148
Fotos: Sabine Jakobs

Das Premiumbad – Bad Design Ambiente
Henning Senger
Hermann-Ehlers-Straße 16/18
49082 Osnabrück
www.das-premium-bad.de

DIE BADGESTALTER
Ursula Kachel
Neckargartacher Straße 28
74080 Heilbronn
www.die-badgestalter-heilbronn.de

Dreyer
Regine Dreyer
Thilo Dreyer
Dresdener Straße 11
91058 Erlangen
Weißgerbergasse 27-29
90403 Nürnberg
www.dreyer-gmbh.de
Seite 36, 38, 62, 90, 98
Fotos: Walther Appelt

GOLDMANN BADMANUFAKTUR
Maritta Goldmann
Kollwitzstraße 80
10435 Berlin
www.goldmann-bad.de
Seite 128
Fotos: Florian Goldmann

Hans Schramm GmbH & Co. KG
Ingrid Schramm / Hans Schramm
Fürstenrieder Straße 38
80686 München
www.schramm.de
Seite 52
Fotos: Christine Schaum

Roland Liegl küche.bad.innenarchitektur
Roland Liegl
Blankenberg 1
83530 Schnaitsee
www.RolandLiegl.de
Seite 42
Fotos: Uli Niedersteiner

Steinrücke Bad + Raum in Perfektion
Elmar Steinrücke
An der Goymark 17-19
44263 Dortmund
www.steinruecke.net
Seite 58, 66
Fotos: Sonja Speck

ULTRAMARIN - Baden in Emotionen
Stephan Krischer
Widdersdorfer Straße 190, Altes Gaswerk
50825 Köln
www.ultramarin.de
Seite 86, 94, 102
Fotos: Frank Jankowski

Wagner GmbH Bad+Design Heizung
Dipl. Ing. Yvonne Wagner
Am Rückersgraben 29-31
63110 Rodgau/ Dudenhofen
www.haustechnik-wagner.de
Seite 116
Fotos: Stettin Fotografie

Wolfgang John GmbH
Renate John
Wolfgang John
Auf der Steinkaut 1
65558 Heistenbach
Studio Bett und Bad
Frankfurter Straße 122-124
65520 Bad Camberg-Würges
www.johnbaeder.de
Seite 82
Fotos: Gaby Gerster
Seite 152
Fotos: Eckhard Krumpholz

Bildnachweis
Seite 14: Sieger Design/ Casa Studio Münster
Seite 35 rechts: Dominic Sacher
Seite 57 links: Christian Richters Photography
Seite 57 rechts: c/Sieger Design/Joerg Grosse Geldermann
Seite 81: Dr. med. Claudia Hennig
Seite 111 rechts: Matteo Thun

Umschlag
Vorderseite: Dornbracht
Rückseite: links: Frank Pieth, Mitte und rechts: Bagno Sasso

Wir danken folgenden Herstellerpartnern für das zur Verfügung gestellte Bildmaterial:
Alape: Seite 9 rechts, 12 rechts, 13, 17
Bette: Seite 7, 10
Dornbracht: 111 links und Mitte
Duravit: Seite 9 links, 11, 12 links unten
Keuco: Seite 10, 12 links oben, 35 links oben und unten

Herstellerverzeichnis

Agape
www.agapedesign.it

Alape
www.alape.com

Ann Idstein
www.annidstein.com

Antonio Lupi
www.antoniolupi.it

B&S Finnland Sauna
www.welt-der-sauna.de

Bagno Sasso AG
www.bagnosasso.ch

Bemm GmbH
www.bemm.de

Bernd Beisse
www.berndbeisse.de

Bette GmbH & Co. KG
www.bette.de

Bisazza
www.bisazza.com

Boffi
www.boffi.com

Bose
www.bose.de

Brix
www.brixweb.com

Brumberg
www.brumberg.com

Busch-Jaeger
www.busch-jaeger.de

Caesar
www.caesar.it

Caleido
www.caleido.bs.it

Casa dolce casa
www.casadolcecasa.com

Catalano
www.catalano.it

Ceramica Flaminia s.p.a.
www.ceramicaflaminia.it

Cerasa
www.cerasa.it

Coers Bad Design GmbH
www.coers-baddesign.de

Czech and Speake
www.czechandspeake.com

Decor Walther
www.decor-walther.de

DELTA LINE+LIGHT GmbH
www.deltalight.de

Devon & Devon
www.devon-devon.com

Domovari
www.domovari.de

Dornbracht GmbH & Co. KG
www.dornbracht.de

Duravit AG
www.duravit.de

Effegibi
www.effegibi.it

Emco
www.emco.de

Falper Srl
www.falper.it

Faustig
www.faustig.de

Form in Funktion
www.forminfunktion.de

Gessi
www.gessi.it

Graniti Fiandre
www.granitifiandre.de

Grohe GmbH
www.grohe.de

Hansgrohe AG
www.hansgrohe.de

HOESCH Design GmbH
www.hoesch.de

HSK Duschkabinenbau KG
www.hsk-duschkabinenbau.de

Ideal Standard GmbH
www.idealstandard.de

Kaldewei GmbH & Co. KG
www.kaldewei.de

Kellner Farbgestaltung
www.kellner-farbgestaltung.de

Keramag AG
www.keramag.de

Kermi GmbH
www.kermi.de

Keuco GmbH & Co. KG
www.keuco.de

Mafi Naturholzboden GmbH
www.mafi.at

Marmoris
www.marmoris.net

Mastella Srl
www.mastella.it

Minetti AG
www.minetti.de

Mosa
www.mosa.nl

Mutina Srl
www.mutina.it

Nevobad
www.nevobad.de

N.V. Kreon
www.kreon.com

Occhio GmbH
www.occhio.de

Original Style
www.originalstyle.com

Parador GmbH & Co. KG
www.parador.de

Pibamarmi
www.pibamarmi.it

Porcelanosa
www.porcelanosa.com

Rapsel spa
www.rapsel.it

raumplus GmbH
www.raumplus.de

Repabad
www.repabad.com

RIBAG Licht AG
www.ribag-licht.com

Rimadesio spa
www.rimadesio.it

Ritmonio Srl
www.ritmonio.it

Sicis
www.sicis.it

TECE GmbH
www.tece.de

Terrastone
www.stoneesthetic.de

THG
www.thg.fr

TOBIAS GRAU GmbH
www.tobias-grau.com

Top-Light e.K
www.top-light.de

TOTO Germany GmbH
www.totoge.com

TUBES RADIATORI srl
www.tubesradiatori.com

unidrain
www.unidrain.de

Vasco
www.vasco.be

Viega GmbH & Co. KG
www.viega.de

Villeroy & Boch AG
www.villeroy-boch.com

VOLA GmbH
www.vola.de

Zehnder GmbH
www.zehnder-systems.de

Zierath GmbH
www.zierath.de

Informationen im Internet

AQUA CLUTURA
www.aqua-cultura.de

Vereinigung Deutsche Sanitärwirtschaft e.V.
www.gutesbad.de

© 2012 Verlag Georg D.W. Callwey GmbH & Co. KG
Streitfeldstraße 35
81673 München
www.callwey.de
E-Mail: buch@callwey.de

Die Deutsche Nationalbibliothek verzeichnet diese Publikation
in der Deutschen Nationalbibliografie; detaillierte bibliografische Daten
sind im Internet über <http://dnb.ddb.de> abrufbar.

ISBN 978-3-7667-1915-7

Das Werk einschließlich aller seiner Teile ist urheberrechtlich geschützt.
Jede Verwertung außerhalb der engen Grenzen des Urheberrechtsgesetzes
ist ohne Zustimmung des Verlags unzulässig und strafbar. Das gilt
insbesondere für Vervielfältigungen, Übersetzungen, Mikroverfilmungen
und die Einspeicherung und Verarbeitung in elektronischen Systemen.

Dieses Buch ist in Zusammenarbeit mit

AC AQUA CULTURA

erschienen.

Autor: Heinz Kaiser
Redaktion: Martina Brüßel, Thilo Dreyer,
Jennifer Simon, Ines Tanke
Projektleitung: Tina Freitag, Bettina Springer
Lektorat: Heide Hohendahl
Schutzumschlaggestaltung, Layout und Satz:
Design-Agentur ARNE, Esslingen, www.arne-klett.de
Druck und Bindung: Offizin Andersen Nexö Leipzig GmbH, Zwenkau

Printed in Germany 2012